LEKTÜRESCHLÜSSEL FÜR SCHÜLER

Henrik Ibsen
Nora (Ein Puppenheim)

Von Walburga Freund-Spork

Philipp Reclam jun. Stuttgart

RECLAMS UNIVERSAL-BIBLIOTHEK Nr. 15360
Alle Rechte vorbehalten
© 2006 Philipp Reclam jun. GmbH & Co., Stuttgart
Gesamtherstellung: Reclam, Ditzingen
Printed in Germany 2006
RECLAM, UNIVERSAL-BIBLIOTHEK und
RECLAMS UNIVERSAL-BIBLIOTHEK sind eingetragene
Marken der Philipp Reclam jun. GmbH & Co., Stuttgart
ISBN-13: 978-3-15-015360-4
ISBN-10: 3-15-015360-3

www.reclam.de

Inhalt

1. Erstinformation zum Werk **5**
2. Inhalt **10**
3. Personen **21**
4. Werkaufbau, Gattung, Sprache **31**
5. Wort- und Sacherläuterungen **38**
6. Interpretation **41**
7. Autor und Zeit **51**
8. Rezeption **64**
9. Checkliste **73**
10. Lektüretipps **76**

Anmerkungen **78**
Raum für Notizen **80**

1. Erstinformation zum Werk

Der norwegische Dramatiker Henrik Ibsen (1828–1906) nannte sein in Deutschland unter dem Titel *Nora* bekannt gewordenes Schauspiel bei seinem Erscheinen 1879 in F. Hegels Gyldendal Verlag in Kopenhagen *Ein Puppenheim [Et dukkehjem]*.

Wilhelm Lange (1849–1907), der erste deutsche Übersetzer, änderte den Titel nach der weiblichen Hauptfigur. Er versetzte zugleich die Handlung nach Deutschland, deutschte die skandinavische Namengebung ein und veränderte den Schluss. Diese erste deutsche Ausgabe erschien gleichzeitig mit der Kopenhagener Originalbuchausgabe als Nr. 1257 in Reclams Universal-Bibliothek. Die Buchausgabe *Ein Puppenheim* (1879) kam zunächst in einer Auflage von 8000 Exemplaren heraus und war überraschenderweise in weniger als einem Monat vergriffen. Eine neue Auflage von 4000 folgte im Januar 1880 und eine dritte mit 2500 Exemplaren im März des gleichen Jahres. Hierin zeigte sich der ungeheure, bis dahin in Skandinavien beispiellose Erfolg eines Buchdramas.

Erste deutsche Ausgabe

Erfolg des Buchdramas

In Deutschland wurde das Drama bereits Anfang 1880 gleichzeitig an mehreren Theatern gespielt. Allerdings hatte man für die deutsche Uraufführung in Flensburg eine Änderung des Schlusses vorgenommen, indem man Nora zu ihren Kindern zurückkehren ließ. Diese Änderung geht vermutlich auf Chérie Maurice, den Leiter des Hamburger Thalia-Theaters, zurück. Mit dem veränderten Schluss wur-

Veränderung des Schlusses

de allerdings auch die ethisch-moralische Entschiedenheit Noras zurückgenommen und die mit dem Stück verfolgte gesellschaftskritische Absicht verkehrt: Der Frau wurde das Recht auf Selbstständigkeit und die Fähigkeit zu individueller Entscheidungskraft erneut abgesprochen.

Dem deutschen Theaterpublikum konnte oder wollte man offensichtlich die Rigorosität der Entscheidung Noras, ihre Kinder zu verlassen, nicht zumuten.

Da es keine Urheberrechtsverträge zwischen Deutschland und den skandinavischen Ländern gab, fehlten dem Autor alle rechtlichen Möglichkeiten, Konkurrenzausgaben und Bearbeitungen seiner Stücke zu untersagen. Er selbst nannte den veränderten Schluss, über den er von Lange informiert worden war, eine »barbarische Gewalttat«. Dem ursprünglichen Stück war der Biss genommen. Die Familienidylle wurde zum Schein aufrechterhalten.

Auch in Kiel und Wien spielte man die verharmlosende Variante. In einem Brief an Heinrich Laube, den Direktor des Wiener Stadttheaters, vom 18. Februar 1880 hatte Ibsen zwar eindringlich darum gebeten, das Stück in seiner ursprünglichen Gestalt zu spielen, aber Laube blieb bei dem veränderten Schluss mit dem Hinweis, der Ibsen'sche entspräche nicht der Kategorie des »Schauspiels«. Von den Dichtern solcher Stücke würden Schwierigkeiten ersonnen, die sie dann nicht lösen könnten. Er führt aus: »Wie geschickt zum Beispiel häuft Ibsen solche Schwierigkeiten in seiner Nora, am Schlusse aber steht er ratlos da und greift zu einfach grausamer Vernichtung.« In der Tat blieb die Frage offen, was aus Nora nach dem Weggang aus ihrer Familie werden würde. Die Kritik vermerkte: »Er ließ die Frage offen, wie das Leben sie offen läßt.«[1] Ibsen hatte schon früher einmal vermerkt: »Mein Amt ist zu fragen, nicht

1. ERSTINFORMATION ZUM WERK

Bescheid zu geben.« In der gegebenen Situation zog Ibsen es schließlich vor, »die Gewalttat selber zu verüben, statt seine Arbeiten der Behandlung weniger vorsichtiger und weniger kundiger Hände zu überlassen«[2]. Auch er schrieb schließlich einen Schluss, den man in den skandinavischen Ländern »Die Berliner Fassung« nannte und in der Nora bei Mann und Kindern bleibt; angeblich der sittenstrengen Berliner Hofschauspielerin Hedwig Niemann-Raabe zuliebe, ein Eingriff, den er nach eigenen Worten »verabscheut« hat.

Die wichtige Berliner Erstaufführung am 21. November 1880 im Residenztheater vor der Kritikerprominenz der Hauptstadt übernahm diese versöhnliche Lösung, und in der Folge wurde dann abwechselnd der originale neben dem versöhnlichen Schluss gespielt, sodass der Theaterkritiker Oscar Blumenthal das Stück als »Durchhausdrama« bespöttelte, eines mit zwei Ausgängen. Die Ungelöstheit des Konflikts im Original rief allgemein die Kritik auf den Plan. Der dänische Publizist Georg Brandes, anwesender Kritiker, enger Vertrauter Ibsens und Kenner Ibsen'scher Problemstellung, sah den zweifelhaften Erfolg der Berliner Aufführung sowohl in der schlechten Leistung der Schauspieler als auch im verdorbenen Publikumsgeschmack, der an französische Salonstücke mit zweifelhaftem ästhetischen Wert gewöhnt war. Er führte aus: »Bezeichnenderweise lärmte und protestierte das Publikum überall dort, wo im Stück Wahres, etwas schneidend Wahres vorkam, so z. B. wo Nora ihr Aussehen als Leiche beschreibt; [...] solches will man von der Bühne nicht hören, [...] man ist daran gewöhnt, dass alles beschönigt oder weggelogen wird oder zu einem unschuldigen Spaß der sogenannten Theaterpoesie gemacht wird, und man gerät in Raserei, wenn die Wahrheit

> Drama mit zwei Ausgängen

ihr Medusenhaupt zeigt. Aber ein Medusenhaupt wäre der richtige Schmuck für das Titelblatt.«³

Aktualität des Stückes

Die Frage, die sich aufdrängt, ist die nach der Aktualität des Stückes. Immerhin sind seit der deutschen Erstaufführung 125 Jahre vergangen.

In *Nora (Ein Puppenheim)* begegnen wir einem Stück, das sich der modernen Theatertechnik der Fallanalyse bedient, bei der der Zuschauer erst im Verlauf der Bühnenhandlung die weit zurückliegenden Ereignisse erfährt, die den Konflikt heraufbeschwören, eine Technik, die das moderne Drama begründet hat. *Nora* gilt einmal als exemplarisches Stück sowohl für die mittlere Schaffensperiode Ibsens als auch als Vorläufer und Anreger für moderne Dramenkunst. Die analytische Technik ist die Konstruktionsart Ibsen'scher Dramatik, die bis heute ihre Nachfolger gefunden hat.

In der Sache begründen den schwelenden Konflikt zwischen Nora und ihrem Ehemann Torvald Helmer nicht ausschließlich die Ungleichbehandlung von Mann und Frau in der bürgerlichen Gesellschaft, sondern der Mangel an Vertrauen zwischen den Partnern, die fehlende Offenheit und Feigheit der Personen, denen Geschäft und persönliches Ansehen über Liebe und Zusammenhalt geht. Hier begegnet uns ein Verhalten, das leider bis heute von großer Aktualität ist. Jede dritte Ehe wird heute geschieden. Die Toleranz gegenüber dem andern endet dort, wo persönliche Interessen berührt sind. Auch heute wird Verliebtsein mit Liebe verwechselt, der geschlossene Bund der Ehe nicht als Bund auf Gegenseitigkeit, sondern als persönliche Vorteilsnahme verstanden, wo immer und wann immer dies angeraten erscheint.

Egoistisches Verhalten rangiert vor Verständnis und Einstehen füreinander.

Aus der Beschäftigung mit Ibsens *Nora* könnte die Erkenntnis erwachsen, dass Partnerschaft zwar viele Facetten hat, dass sie aber nur dann dauerhaft gestaltet werden kann, wenn beiderseitige Achtung und Toleranz das Zusammenleben bestimmen. Dazu gehört die dauerhafte emotionale Zuwendung ebenso wie die Möglichkeit für beide Partner, sich selbst im Beruf persönlich zu entfalten und so einen Beitrag zum wirtschaftlichen Auskommen zu leisten. Wie man an Nora sieht, produziert die Abhängigkeit vom Geld (eines andern) die psychologische Abhängigkeit und die vollkommene Unterwerfung unter den Willen eines anderen. In *Nora* wird die Macht einer einzelnen Herrschaftsinstanz (Helmer) über einen einzelnen Abhängigen (Nora, Krogstad) ins Bild gesetzt.

2. Inhalt

Das Drama *Nora (Ein Puppenheim)* spielt in der Wohnung des Ehepaars Torvald und Nora Helmer, die seit acht Jahren miteinander verheiratet sind und drei Kinder haben. Es setzt ein am Mittag des Heiligen Abends und endet in der Nacht nach dem zweiten Weihnachtsfeiertag. Das Verhalten Noras und auch der Dialog zwischen ihr und ihrem Mann stellen Nora als eine verwöhnte und von ihrem Mann verhätschelte junge Frau vor, die von diesem ständig beobachtet, kommentiert und korrigiert wird. Er ist als Ehemann und Familienvater die unbestrittene Autorität, gegen deren Ansichten weder Widerspruch noch Auflehnung erfolgt. Bevor Nora sich ungehorsam zeigt, erfindet sie Ausreden, hat Heimlichkeiten und sagt die Unwahrheit.

> *Ort und Zeit der Handlung*

Zu Beginn des Stücks ist Nora aus der Stadt zurückgekommen, wo sie für die Kinder und die beiden Bediensteten Helene und Anne-Marie Weihnachtsgeschenke eingekauft hat. Beim Gespräch über die eingekauften Sachen wird offenkundig, dass Torvald Helmer seine Frau, die er fortlaufend mit Kosenamen wie Eichhörnchen, Singlerche, Vögelchen oder Leckermäulchen belegt, für eine leichtsinnige Verschwenderin hält, die mit Geld nicht umgehen kann. Er mahnt sie zu Besonnenheit und Sparsamkeit. Das Geld zusammenhalten, auf Näschereien verzichten und vor allem für ihn und die Kinder da zu sein, darin sieht er die Aufgabe Noras, und in diese Richtung gehen seine Erziehungsziele. Nora allerdings möchte als Frau eines zukünftigen Bankdirektors großzügiger wirtschaften können.

> *Umgang des Ehepaars miteinander*

Dennoch hat Nora weitgehend Sparsamkeit geübt, denn für sich selbst hat sie nichts eingekauft. Im Verlauf des Gesprächs wünscht sie sich ein Geldgeschenk, das sie, in Goldpapier eingewickelt, an den Weihnachtsbaum hängen will.

Das Hausmädchen meldet den Besuch einer Dame. Während Helmer sich zurückzieht, kommt Christine Linde, eine um einige Jahre ältere ehemalige Freundin Noras. Seit Frau Lindes Heirat haben sich die Frauen nicht mehr gesehen. So berichten beide über ihre Vergangenheit. Frau Linde, seit einiger Zeit Witwe, ist in ihre Heimatstadt zurückgekommen, um dort Arbeit zu finden. Im Gegensatz zu Nora, die sie in blendenden Umständen vermutet und als Glückskind ansieht, ist sie auf sich allein gestellt. Ihr verstorbener, ungeliebter Mann hat ihr nichts hinterlassen. Sie hatte ihn geheiratet, um sich, ihre kranke Mutter und zwei jüngere Brüder durchzubringen. Seit diese Aufgaben entfallen sind – die Mutter ist verstorben, die Brüder können für sich selbst sorgen –, fühlt sich Frau Linde leer und unglücklich. Sie sieht Lebenserfüllung im Dienst am anderen. Nun will sie Helmer um eine Anstellung in der Bank bitten. Nora verspricht ihr dabei zu helfen.

Besuch von Christine Linde

Darauf berichtet Nora aus ihrer Vergangenheit. Christine Linde erfährt, dass vor der Geburt des ersten Kindes Helmer lebensgefährlich erkrankt war. Die Ärzte empfahlen einen längeren Kuraufenthalt im italienischen Süden. Doch Helmer lehnte ab, weil das Geld dafür fehlte und er keineswegs einen Kredit aufnehmen wollte. Nora aber wollte das Geld unter allen Umständen beschaffen, um ihrem Mann zu helfen. Ohne

Noras Geheimnis

sein Wissen besorgte sie sich den Kredit, den sie ihrem Mann gegenüber als Erbe ihres zu diesem Zeitpunkt verstorbenen Vaters ausgab.

Die kleine Familie verbrachte ein Jahr im Süden Italiens und kehrte gesund in die Heimat zurück. Nora betrachtet sich seither als Lebensretterin ihres Mannes. Sie hebt allerdings auch hervor, wie schwer sie an der Last der heimlichen Rückzahlungen und Schuldzinsen trägt, die sie durch kleine Arbeiten und sparsame Haushaltsführung zusammenkratzt, immer eifrig bemüht, Helmer niemals die Wahrheit erfahren zu lassen.

Während des Geständnisses erscheint Krogstad, ihr Gläubiger. Sein Erscheinen entsetzt Nora, weil sie neue Geldforderungen fürchtet. Aber nicht ihr gilt sein Besuch, sondern ihrem Mann, dem künftigen Bankdirektor der Aktienbank, bei der Krogstad einen untergeordneten Posten bekleidet und von der Kündigung bedroht ist. Als sich Frau Linde bei Nora angelegentlich nach ihm erkundigt, erfährt Nora, dass Krogstad um der besseren Partie willen vor Jahren von ihr verschmäht worden ist.

Dies Gespräch wird durch Dr. Rank, den Freund Helmers und täglichen Hausgast, unterbrochen. Im Gespräch über die Ursachen seiner schweren Krankheit weist er auch auf die moralische Verkommenheit Krogstads hin, den er als Schnüffler und als eine Gefahr für die Gesundheit der Gesellschaft bezeichnet. In diesem Gespräch, das Nora langweilig findet, wird ihr klar, dass die neue Stellung ihres Mannes ihm Einfluss und Macht über andere verschafft, was sie einerseits stolz und andererseits leichtsinnig macht. Später zeigt sich Helmer bereit, Frau Linde in der Bank zu beschäftigen. Als die Kinder mit dem Kindermädchen

> *Einführung Dr. Rank*

von einem Winterspaziergang zurückkommen, verlassen die Gäste und Helmer das Haus.

Nora widmet sich hingebungsvoll ihren Kindern; ein ausgelassenes Versteckspiel beginnt, das durch das erneute Erscheinen Krogstads unterbrochen wird.

Krogstad will von Nora wissen, ob es sich bei Noras Freundin um Christine Linde handelt und ob sie eine Stellung in der Aktienbank bekommen wird. Entschieden fordert er von Nora, die sich ihm gegenüber zunächst als Überlegene gibt, dass sie sich bei ihrem Mann für sein Verbleiben in der Bank einsetzt, und droht ihr, im Fall des Scheiterns Helmer über ihre Schulden zu informieren. Auf keinen Fall will er den Posten bei der Bank verlieren, weil sonst seine gesellschaftliche Rehabilitation scheitert. Nora sucht sich zunächst gegen sein Ansinnen zu wehren. Sie erklärt, ihr Mann würde, wenn er von ihren Schulden erführe, sie sogleich freikaufen. Krogstad aber deckt einen für Nora überraschenden Sachverhalt auf. Er weiß um die von ihr gefälschte Unterschrift ihres Vaters auf dem Schuldschein, ausgestellt vier Tage nach dessen Tod. Nach dem Gesetz hat Nora ein Verbrechen begangen. Krogstad selbst behauptet, wegen geringerer Vergehen von der Gesellschaft verfemt worden zu sein. Er lässt eine völlig verwirrte Nora zurück, die der Auffassung ist, dass die Gesetze doch eigentlich Ursachen und Gründe der menschlichen Handlungen berücksichtigen müssten. Sie rechtfertigt vor sich selbst ihr Handeln mit der Liebe zu ihrem Mann und ihrem Vater und der Auswegslosigkeit der Situation damals. Dennoch sieht sie sich gegenüber Helmer unter ungeheurem Druck. Mit allen Mitteln weiblicher Überredungskunst setzt sie sich bei Helmer für den Verbleib Krogstads in der Bank ein, doch ver-

> Ansinnen Krogstads

geblich. Er weist sie zurück mit dem Argument ihrer Unerfahrenheit in geschäftlichen Dingen und mit seiner persönlichen Abneigung gegen Krogstad. Schließlich versteigt er sich zu der Aussage, dass »verdorbene Menschen lügenhafte Mütter« hätten (39). Nora, die sich selbst als Mutter ihrer Kinder verurteilt sieht, bleibt nach dem Gespräch mit Helmer ratlos zurück. Sein Ausspruch hat sie in die größte Unsicherheit versetzt, und eine Ahnung steigt in ihr auf, dass eine solche Anschauung nicht »wahr« sein kann.

Ratlosigkeit Noras

Der **zweite Akt** des Dramas spielt an unverändertem Ort. Es ist der erste Weihnachtstag, der Baum ist geplündert. Nora ist weiterhin verunsichert und aufgescheucht. Das Hausmädchen hat ihr das Kostüm für das bevorstehende Maskenfest beim Konsul gebracht. Es ist das Kostüm aus Sizilien, in dem Nora auf dem Fest die Tarantella tanzen soll.

Frau Linde, die ins Haus kommt, ist bereit, das Kostüm entsprechend herzurichten. Das Gespräch der beiden Frauen kommt auf Dr. Rank, von dem Frau Linde glaubt, dass er Nora das Geld geliehen hat. Nora ist sicher, dass er ihr, bäte sie ihn darum, das Geld geben würde. Sie erwägt bei sich, notfalls seine Hilfe zu erbitten. Frau Linde mahnt Nora zur Offenheit, doch als Helmer kommt, zieht sie sich zurück. Erneut versucht Nora, bei ihrem Mann um Krogstads Verbleib in der Bank anzuhalten.

Frau Lindes Mahnung zur Offenheit

Sie begründet ihre Bitte damit, dass Krogstad öffentlich üble Nachrede in Zeitungen üben und ihr gemeinsames Familienglück gefährden oder gar zerstören könnte. Doch je inständiger Nora ihren Mann bittet, desto ablehnender reagiert er. Auf dem Höhepunkt der Unterredung – Nora hat seine Erwägungen als »kleinliche Rücksichten« (49) bezeichnet – beschließt er, Krogstad umgehend den Brief mit der Entlassung überstellen zu lassen. Nora gerät außer sich, Helmer aber verzeiht ihr die vermeintliche »Angst«, in der er eher eine »Beleidigung« seiner Standfestigkeit sieht, weil Nora aus Liebe zu ihm so handle. Alle zu erwartenden Folgen will er allein tragen, was Noras heftigen Einspruch herausfordert. Nachdrücklich verweist er Nora auf die Tarantella, die sie nun einzuüben hat. Während Helmer ins Arbeitszimmer geht und eine völlig verzweifelte Nora zurücklässt, kommt Dr. Rank. Das Gespräch zwischen Nora und Rank dreht sich um dessen schwere Krankheit und seinen nahenden Tod. Seine Rückenmarksschwindsucht ist im Endstadium, er ist davon überzeugt, dass der unsolide Lebenswandel seines Vaters ihm diese Krankheit eingetragen hat. Wenn die noch ausstehende letzte Untersuchung ebenfalls negativ ausfällt, will er eine Visitenkarte mit einem schwarzen Kreuz schicken, zum Zeichen, dass er niemanden mehr empfangen wird. Nora nimmt großen Anteil an seinem Kummer, in den sich große Anerkennung gegenüber der Freundschaft mischt, die ihm im Hause Helmer entgegengebracht wurde. Nora ist versucht, ihm ihre eigenen Sorgen anzuvertrauen und ihn um Hilfe zu bitten. Doch bevor dies geschieht, wird ihr durch Andeutungen Ranks klar, dass er nicht nur freundschaftliche, sondern auch tiefere Empfindungen für sie hegt. Diese Offenheit bezeichnet Nora als »hässlich« (55), obwohl sie nicht überrascht ist. Das Geständnis aber macht ihr die Bitte um Hilfe unmöglich. Sie weist Rank zwar nicht ausdrücklich in seine Schranken, unterscheidet jedoch zwischen Liebe und unterhaltsamer Abwechslung.

Als das Hausmädchen Nora die Visitenkarte Krogstads bringt, verlässt Rank den Raum. Krogstad will mit Nora sprechen, weil er Befürchtungen hegt, sie könne sich in ihrer Verzweiflung etwas antun. Deshalb versichert er ihr, vorläufig von einer Anzeige abzusehen, den Schuldschein mit der gefälschten Unterschrift will er jedoch in seinem »Gewahrsam« (59) behalten. Er hat einen Brief an Helmer dabei, der nicht mehr nur seinen Posten in der Bank zurückfordert, sondern einen höheren fordert, der ihm die Rückkehr in die bürgerliche Gesellschaft leichter macht. Gegen die von Nora geäußerten Zweifel an seinem Erfolg setzt er die Sicherheit, Helmer »in der Tasche« (61) zu haben. Beim Verlassen des Hauses hört Nora, wie dieser Brief in den Briefkasten fällt.

Der Schuldschein

Frau Linde, die mit dem fertigen Kostüm gekommen ist, trifft eine noch verstörtere Nora an. Durch den Hinweis auf den Brief im Briefkasten wird Christine Linde klar, dass Krogstad Noras Gläubiger ist. Als sie auch noch von der Urkundenfälschung erfährt, ist sie sofort bereit, Einfluss auf Krogstad zu nehmen. Der Brief im Briefkasten aber macht für Nora ein Gespräch mit ihm für sich selbst unwirksam.

Der Brief Krogstads an Helmer

Als Helmer und Dr. Rank ins Wohnzimmer kommen, um Nora in ihrem Kostüm zu bewundern, stellt sich heraus, dass Nora sich weder verkleidet noch für die Tarantella geübt hat. Sie bewegt ihren Mann, unverzüglich die Tarantella mit ihr einzustudieren, und nimmt ihm das Versprechen ab, sich vorläufig von allen geschäftlichen Aktivitäten fern zu halten. Durch ihr stürmisches, »aufgescheuchtes« (66) Benehmen beim Tanz erreicht sie Helmers Zustimmung und damit einen Aufschub von einunddreißig Stunden, ehe sie in ihr Leben einzugreifen gedenkt, wenn nicht etwas geschieht, was sie an anderer Stelle als »das Wunderbare« (62) bezeichnet hatte.

Der **dritte Akt** spielt ebenfalls in der gleichen Umgebung. Frau Linde befindet sich in der Wohnung der Helmers, sie horcht auf das Maskenfest, das in der Wohnung über ihr abläuft. Krogstad, der bei seiner Rückkehr eine Nachricht Christines vorgefunden hat, erscheint. Es kommt zu einem Gespräch der beiden. Sie sprechen über ihre Vergangenheit und es wird klar, dass sie zusammen einen Neuanfang wagen wollen, weil ihre Zuneigung zueinander weiter besteht.

> Verhältnis Frau Linde – Krogstad

Während Krogstad in ihr die Frau sieht, mit deren Hilfe er wieder zu gesellschaftlichem Ansehen kommen kann, sieht sie in ihm und seiner Familie die Möglichkeit, ihre innere Leere zu überwinden, indem sie für andere arbeiten und sorgen kann. Danach sprechen sie über die Geschehnisse, die die Helmers betreffen.

Krogstad möchte vieles ungeschehen machen, deshalb ist er bereit, den noch ungelesenen Brief zurückzuverlangen. Aber Christine Linde vereitelt diesen Schritt. Ihr ist klar, dass eine Auseinandersetzung zwischen den Eheleuten die ganze Wahrheit ans Licht bringen muss. Als sie die Helmers vom Fest kommen hört, möchte sie Nora in ihrem Kostüm sehen und bittet Krogstad draußen auf sie zu warten. Helmer ist stolz auf die Schönheit seiner Frau und auf die Bewunderung, die sie mit ihrer Erscheinung und ihrer Tarantella ausgelöst hat. Nach Frau Lindes Weggang macht er ihr weitere Komplimente und wünscht sich eine gemeinsame Nacht mit Nora, während sie sich zurückziehen möchte.

Da erscheint Dr. Rank. Während er mit Helmer über den gemeinsam verbrachten Festabend redet, erkundigt sich Nora nach dem Ergebnis seiner letzten Untersuchung. Die im Gespräch verwendeten Anspielungen machen sie sicher, dass dies ein Abschiedsbesuch Ranks ist.

Nach dem Tarantella-Fest

Helmer entschließt sich, die Post zu sichten. Er findet die Visitenkarte Ranks mit dem schwarzen Kreuz, und Nora klärt ihn über die Bedeutung auf. Mit den eigenen Todesgedanken beschäftigt, verabschiedet sie sich zur Nacht, wird aber zurückgerufen. Helmer ist Krogstads Brief in die Hände gefallen. Außer sich, möchte er von Nora hören, dass er die Unwahrheit schreibt. Nora aber bestätigt gefasst, dass alles wahr ist, und fügt hinzu, dass sie ihn über alles in der Welt geliebt habe. Er aber inszeniert einen fürchterlichen Auftritt, in dessen Verlauf er Nora als Heuchlerin, Lügnerin und Verbrecherin bezeichnet, deren bodenlose Gemeinheit und leichtsinnige Grundsätze vom Vater ererbt seien. Ohne Religion, Moral und Pflichtgefühl habe sie sein Glück vernichtet, nun befände er sich in der Gewalt eines gewissenlosen Menschen. Wieder schlägt er ihr gegenüber Befehlstöne an, die Sache muss vertuscht werden, sie soll zwar im Haus bleiben, um den Schein zu wahren, aber die Erziehung der Kinder werde er ihr nehmen und ihr seine Liebe aufkündigen. Doch dann bringt das Hausmädchen einen Brief für Nora. Helmer reißt ihn an sich, und als er begreift, dass Krogstad den Schuldschein zurückgeschickt hat, fühlt er sich selbst sogleich gerettet: »Nora, ich bin gerettet!« (84). Seine Stimmung schlägt in ihr Gegenteil um. Er möchte das Vorausgegangene ungeschehen machen, seiner »armen klei-

Noras Todesgedanken

Die Auseinandersetzung

nen Nora« (85) vergeben, weil sie aus Liebe zu ihm gehandelt habe, ohne fähig zu sein, selbstständig zu handeln.

Nora bedankt sich für sein Verzeihen, doch dann legt sie ihr Maskenkostüm ab, und gegen alle Liebes- und Schutzbeteuerungen ihres Mannes verlangt sie, ein ernsthaftes Gespräch mit ihm zu führen, das sie in den acht Jahren ihrer Ehe mit ihm niemals hat führen können. Nora ist klar geworden, dass ihr sowohl von ihrem Vater als auch von ihrem Mann viel Unrecht zugefügt wurde, indem beide sie am selbstständigen Denken gehindert und andere als ihre eigenen Meinungen und Anschauungen nicht zugelassen haben. Sie vergleicht sich mit einer Puppe, für die gedacht und gehandelt wurde. Nora sagt, dass sie bei Helmer wie »ein armer Mensch« gelebt hat, in einer Spielstube als Puppenkind und Puppenfrau. Helmer bestätigt dies eingeschränkt, es soll vorbei sein, und an die Stelle des Spiels soll ihre und die Erziehung der Kinder treten. Doch Nora sieht in Helmer keinen geeigneten Erzieher für sich. Sie wird ihn und die Kinder verlassen und ihre Erziehung selbst besorgen. Rücksicht wird sie nicht mehr nehmen, keine anderen Pflichten mehr erfüllen als die Pflichten gegen sich selbst. Sie sieht sich als vollwertigen Menschen, der sich das Recht nimmt, gegen die allgemeine Meinung selbst über die Dinge nachzudenken. Noch weiß sie nichts aus eigener, sondern nur aus der Anschauung anderer. Sie weiß nichts über Religion, Moral und Gewissen, nur, dass sie eine andere Meinung darüber hat als Helmer. Sie versteht weder die Gesetze noch die Gesellschaft und will durch selbstständiges Denken herausfinden, wer Recht hat, sie oder die anderen. Sie bestätigt Helmer, dass sie ihn nicht mehr liebt, weil er nicht der Mann ist, für den sie ihn gehalten hat. Er hat versäumt, ihre

> Erkenntnis Noras und die Folge

Schuld auf sich zu nehmen, denn seine »Ehre« (92) ging ihm über alles. Nora hat erkannt, dass es ihm nur um sich selbst geht, nicht um sie und ihr Schicksal. Nach überstandener Gefahr wollte er zur gewohnten Tagesordnung übergehen, aber der Abgrund, der sich zwischen beiden aufgetan hat, ist unüberbrückbar geworden. Nora entbindet ihn aller Verpflichtungen, gibt ihm den Ehering zurück und verlangt den ihren, bevor sie die Schlüssel hinlegt. Christine Linde soll nach Noras Abreise die Sachen zusammenpacken, die Nora ins Haus mitgebracht hat. Seine Bitten um weiteren Kontakt mit ihm weist sie mit dem Argument zurück, dass aus einem Zusammenleben mit ihm niemals eine Ehe werden könne. Helmer sitzt ratlos da, als die Haustür hinter Nora ins Schloss fällt.

3. Personen

Die Anzahl der Personen in Ibsens *Nora* ist begrenzt. Es treten insgesamt fünf Darsteller auf, zwei Frauen und drei Männer. Im Mittelpunkt stehen **Torvald Helmer** und seine Frau **Nora**, die Protagonisten des Dramas; daneben Frau **Christine Linde** und **Krogstad**, die Antagonisten des Stücks. Spieler und Gegenspieler im eigentlichen Sinn sind Helmer und Krogstad, während Christine Linde für Nora eine bedeutende Rolle im positiven Sinn spielt. **Dr. Rank**, Freund im Hause Helmer, hat schließlich Repräsentationsfunktionen. An seinem hinfälligen Zustand lässt sich die Bedrohung der bestehenden bürgerlichen Gesellschaft exemplarisch ablesen.

Die Personen spiegeln die zeitgeschichtlich übliche Rollenverteilung zwischen Mann und Frau innerhalb der bürgerlichen Gesellschaftsordnung des 19. Jahrhunderts wider. Die vorgestellten Haltungen reichten jedoch noch bis weit ins 20. Jahrhundert hinein. Gezeigt wird eine patriarchalische, allein vom Mann bestimmte Gesellschaft. In die Kompetenz des Mannes fallen alle politischen, wirtschaftlichen und familiären Entscheidungen, während die Frau den engen häuslichen Bereich verwaltet, zu dem der Umgang mit dem Hauspersonal, die Haushaltsführung und die Kindererziehung zählen.

Patriarchalische Gesellschaft

Der dramatische Konflikt entsteht durch die Abweichung Noras von der ihr zugestandenen Rolle. Sie trifft heimlich Handlungsentscheidungen, die allein dem Mann vorbehalten sind, weil nur er sich in Geschäften auskennt.

Der dramatische Konflikt

Die persönlichen Beweggründe, die Nora zu ihrem von den gesellschaftlichen Erwartungen abweichenden Entscheidungen geführt haben, erweisen sich als irrelevant, die das öffentliche Leben bestimmenden Regeln sind anders.

Das Drama macht auf das starre Rollenverhalten aufmerksam. Es wirft drängende Fragen zur gesellschaftlichen Bedeutungslosigkeit und Unterdrückung der Frau auf und führt in drei spannungssteigernden Akten das Leben einer Frau an der Seite eines Karrieristen und Egozentrikers vor, für den Individualität und Selbstverwirklichung der Frau nicht vorgesehen sind.

Die Rollenverteilung

Die Ehe Torvald Helmers mit seiner Frau Nora steht daher beispielhaft für die bestehende bürgerliche Rollenverteilung zwischen Mann und Frau in Ehe und Gesellschaft.

Helmer, ein moralisch und sittlich angesehener Advokat und Bürger, arbeitsam, fürsorglich und stets auf saubere Geschäfte bedacht, ist auf den ersten Blick ein guter Ehemann und Vater.

Helmer

Seine Frau Nora kommt aus der gleichen Bildungsschicht, ihre Erwartungen an das Zusammenleben mit Helmer weichen deshalb von den seinen zunächst nicht ab. Sie akzeptiert es, dass sie ihm ein teures Spielzeug und ein Luxusgegenstand ist, an dem er seine Freude hat. Von einer Ehe auf Gegenseitigkeit kann in dem Verhältnis der Helmers keine Rede sein. Ihre Gemeinschaft spielt sich in einem Puppenheim ab, in dem Nora von ihrem Mann als hübsche Puppe, als kleine Singlerche, als Zeisig und fröhliches Eichhörnchen bezeichnet und behandelt wird. Vom Zusammenleben mit ihr erwartet Helmer Unterhaltung und Spaß und hebt sie auf die Ebene eines dressierten Haustierchens. »Es ist kaum zu glauben, wie teuer einen Mann solch Vögelchen kommt« (8), äußert er gleich im ersten Dialog mit Nora. Nora wird von ihrem Mann nicht als eigenständige, individuelle Persönlichkeit mit ernst zu nehmenden Vorstellungen betrachtet, sondern als Objekt, seinem Willen unterworfen. Ihr Ansehen hängt allein von der Bedeutung ab, die er ihr zubilligt. Fraglos nimmt er sich das Recht heraus, sie zu formen und zu erziehen. Der Stolz auf die Schönheit seiner Frau ist stärker als die Liebe zu ihr. So kann er in der für Nora doppelt belasteten Situation zu Beginn des dritten Akts seine sexuellen Wünsche nicht unterdrücken, obwohl die Nachricht vom bevorstehenden Tod des Freundes Dr. Rank und die furchtsame Zerfahrenheit Noras unverkennbar und unübersehbar sind. Sexualität überdeckt das Feingefühl für die psychischen Belastungen seiner Frau, die er regelmäßig falsch interpretiert, weil er urteilt und auch verurteilt, wo er eigentlich fragen und verstehen sollte. Als Nora es wagt, seine sexuellen Wünsche zurückzuweisen, und ihren eigenen Willen äußert, hält er dies für einen »Scherz« (77). Individuelle Vorstellungen, selbstständige Entscheidungen und eigene Gefühle sind in einer Ehe, in der der Mann bestimmt und sich als absolute Autorität sieht, unerwünscht.

Auch das Leiden, die Vereinsamung und der nahende Tod des Freundes fordern weder Mitgefühl noch Erschütterung heraus, sondern geben den »bewölkten Himmel« ab, auf dessen Hintergrund »das sonnige Glück« (80) von Nora und Helmer umso strahlender leuchtet.

Anteilnahme am Andern ist Helmer fremd. Ihm geht es um das eigene Fortkommen, und was sich in den Weg stellt, wird bekämpft. So wird der ehemalige Freund

Krogstad aus der Bank entfernt, die Folgen für ihn und seine Familie bleiben unberücksichtigt. Die Erklärung, Krogstad habe sich selbst durch unehrenhaftes Verhalten, durch Schliche und Kunstgriffe moralisch ruiniert, rechtfertigt Helmers eigene Entscheidung. Maßstab für die Existenzberechtigung ist allein das, was in der bürgerlichen Vorstellung gilt. Der wiederholte Versuch Noras, ihren Mann an Krogstads Hinauswurf zu hindern, führt ihn nicht zum Nachdenken über mögliche Gründe für ihren Einsatz, sondern zu trotziger, spontaner Durchsetzung der eigenen Vorstellungen. Autorität steht vor Humanität, »Ehre« (92) – das Schlagwort für bürgerliche Tugend schlechthin – verbietet Rücksicht, Entgegenkommen, Liebe, Verständnis und Anteilnahme. Als Helmer im letzten Akt schließlich seine und die Situation Noras durchschaut, steht für ihn fest, dass Nora aus niederen Motiven, aus Verschwendung, Leichtsinn, Unmoral und Religionslosigkeit gehandelt hat, Grundsätze, die sie vom Vater geerbt haben soll. Sie ist für ihn nur noch eine Heuchlerin, Lügnerin und Verbrecherin, der er die Erziehung der Kinder untersagt und mit der er nur noch zusammenwohnen will, um den Schein bürgerlicher Ordnung zu wahren. So wie er beim Erhalt des ersten Briefs nur sich und sein bürgerliches Ansehen vernichtet sieht, so bedeutet ihm die Rückgabe des Schuldscheins an Nora in erster Linie die eigene Rettung. In Helmer begegnet dem Zuschauer ein Chauvinist und Macho erster Güte, ein dogmatischer Traditionalist und Vertreter einer reaktionären Gesellschaftsordnung, dessen Musterknabenverhalten nach außen das Leben im Innern an der Seite einer liebenden Frau verspielt. Seine moralische und sittliche Haltung bleibt weit hinter der Krogstads

> Chauvinist und Macho

zurück, obwohl der nicht mit bürgerlicher Wohlanständigkeit aufwarten kann.

An Helmers Seite steht **Nora**, die sich im Verlauf des Dramas von der unselbstständigen Naiven zur klar denkenden, scharfsinnig argumentierenden Frau entwickelt. Ihr gelingt es schließlich, sich aus der Unmündigkeit zu lösen, indem sie Mann und Kinder verlässt und ihr Leben selbst, ohne die geringste Hilfe Helmers, meistern will. Wenn sie zu Beginn des Dramas die ihr zugewiesene Rolle als Spielzeug ihres Mannes widerspruchslos annimmt, so wird sie im Verlauf des Dramas vor Konflikte gestellt, deren Lösung sie nach dem Fehlschlagen aller Ausflüchte schließlich beherzt und unversöhnlich angeht. Eine Frau mit Charakter ist sie lange nicht. Durchkommen will sie, und wo dies mit Notlügen und Versteckspiel gelingt, ist es ihr allemal recht. Gegen die Anordnungen ihres Mannes leistet sie keinen offenen Widerstand. Seine Unterstellungen und Vorurteile lässt sie bestehen. Den Blick nach vorn, dorthin, wo ihre Kreditaufnahme gegen den Willen und ohne Wissen ihres Mannes einmal eine unerwünschte Wendung nehmen könnte, wagt sie nicht. Es ist der Blick zurück, der sie mit Stolz erfüllt, weil sie sich als Lebensretterin ihres Mannes sieht. Unrecht kann nicht sein, was aus Liebe geschehen ist, das ist der emotional geleitete Glaube Noras.

> Nora

Nora kann ihre Situation lange nicht richtig einschätzen. Sie hält sich zunächst für geschäftstüchtig genug, um ihre schwierige finanzielle Situation zu meistern, die Aufklärung über die juristischen Folgen ihrer Wechselfälschung aber stürzt sie in unermessliche Angst und Verzweiflung. Fest steht für sie, dass ihr Mann nichts von ihren Schulden erfahren darf. Er soll nicht für sie büßen, lieber will sie sterben. Doch gewinnt Nora durch die wachsende Fähigkeit zu schärferer Beobachtung allmählich eine Ahnung vom wahren Charakter ihres Mannes. Als sie seine Bedenken gegen Krogstad als »kleinlich« kritisiert, stürzt sie sein Zorn in immer größere Verzweiflung. Die Enthüllungen Krogstads ebenso wie die Rückgabe des Schuldscheins, von Helmer als Vernichtungsschlag gegen sich selbst und dann als eigene Rettung gesehen, vermögen in ihr keinen Gesinnungswandel mehr herbeizuführen. Sie vertritt im entscheidenden Gespräch ihre eigene Sache und spricht eine zutreffende Beurteilung ihrer Vergangenheit aus. Vom Vater wie vom Ehemann als Spielzeug betrachtet, ist ihre Persönlichkeit nicht gefördert worden. Beiden Männern weist sie schwere Schuld an ihrer Unselbstständigkeit und ihrem Unwissen zu. Zukünftig will sie sich selbst finden und verwirklichen, nachträglich ihr Schicksal korrigieren. Die Pflichten gegen sich selbst bedeuten ihr mehr als die Pflichten gegen Mann und Kinder. Nora verlässt das Haus. Sie bricht aus dem Käfig gesicherter Existenz und erstarrter Bürgerlichkeit aus, in dem sie nichts als Einengung und Reduktion auf althergebrachte Rollenmuster und Rollenerwartungen erfahren hat, degradiert zum Objekt fremder Erwartungen. Die Erfahrung von Verlust und Enttäuschung führt sie in eine zwar ungewisse, aber lebendige Zukunft.

Krogstad, Gegenspieler Helmers und Noras im Drama, wie Helmer Advokat, hat seinen bürgerlichen Ruf durch unsaubere Geschäftspraktiken ruiniert. Er selbst nennt sich im Gespräch mit Nora ironisch einen »Wechseleintreiber« und »Winkelschreiber« (58), Verurteilungen, mit denen die Gesell-

3. PERSONEN

schaft ihn belegt hat. Weil gesellschaftliches Ansehen unabdingbar ist, muss er für seine Rehabilitation kämpfen. Er hat erfahren, dass sich am Rand der Gesellschaft schlecht leben lässt. Deshalb kämpft er mit allen Mitteln um seinen Verbleib in der Bank, bereit, die Schwächen Helmers bis zum letzten auszunutzen. Wie schwer er Nora dabei trifft, kann er deshalb nicht ermessen, weil er echte Liebe zwischen dem Ehepaar Helmer voraussetzt. Im Vergleich zu Helmer aber zeigt er Herz und Gefühl.

Nachdem er Nora mit seinem Wissen um die Urkundenfälschung unter ungeheurem Druck weiß, hat ihn der Gedanke nicht losgelassen, sie könne sich etwas antun. Er will den Druck mindern, indem er ihr in Aussicht stellt, die Unterschriftenfälschung auf dem Schuldschein nicht zur Anzeige zu bringen, sondern das Ganze in Güte mit ihrem Mann zu regeln. Den Schuldschein jedoch will er zunächst nicht herausgeben. Ohne dass ein Unbefugter davon erfährt, soll er in seinem Gewahrsam bleiben. Eigene negative Erfahrungen befähigen ihn, sich in sein Gegenüber versetzen zu können. Er kann sich anderen Menschen gegenüber öffnen, mit ihnen fühlen. Bereitwillig folgt er vor allem dem Rat und dem Angebot Christine Lindes. Sie ist und bleibt die geliebte Frau, auch wenn sie ihn seinerzeit verlassen hat. Unter dem Einfluss Christine Lindes schickt er schließlich den Schuldschein zurück und trägt so zu einer alles entscheidenden, überraschenden Lösung des dramatischen Konflikts bei.

In **Christine Linde** begegnet dem Zuschauer eine Frau, die, nicht vom Leben verwöhnt, sich den von außen gegebenen Zwängen selbstlos beugt. Aus Fürsorge für Mutter und Brüder

Christine Linde

hat sie dem geliebten einen vermögenden Mann vorgezogen. Nach dessen Tod steht sie jedoch mittellos da und muss für sich selbst sorgen. Doch sie weiß, dass die ausschließliche Sorge für sich selbst sie nicht ausfüllen wird. Darum gesteht sie Krogstad, für den sie immer noch Liebe empfindet: »Ich brauche jemanden, für den ich Mutter sein kann; Ihre Kinder brauchen eine Mutter. Wir beide brauchen einander. Krogstad, ich hab Vertrauen zu dem guten Kern; – ich wage alles, zusammen mit Ihnen« (71). Sie löst damit die alles entscheidende Wende im Konflikt der Helmers aus. Christine Linde ist die Einzige, die Nora wirklich liebt, die anderen sind nur in sie verliebt. Logisch und vernünftig denkend, ist Frau Linde klar, dass die Ehe zwischen Torvald Helmer und Nora keine Zukunft hat, wenn der Mangel an Vertrauen und Offenheit bestehen bleibt. Sie rät daher zur Offenheit und handelt freundschaftlich, als sie Krogstad davon abhält, den Brief von Helmer zurückzufordern, der ihn über die Schuld seiner Frau aufklärt. Auf diese Weise führt sie Nora zu der entscheidenden Erkenntnis über ihre Ehe und den wahren Charakter ihres Mannes. Ihre persönliche Reife verdankt auch sie der Erfahrung von Verlust, Enttäuschung und Leid. Ihre Art der Lebensführung kann als beispielhaft für eine selbstständig denkende und handelnde Frau gelten, die betonte Selbstlosigkeit gehört zu ihrer Vorstellung von Selbstverwirklichung.

Dr. Rank, der Hausfreund der Helmers, gewinnt als Person im Drama kaum Eigenprofil. Vermögend, aber krank, nimmt er nur eingeschränkt am allgemeinen gesellschaftlichen Leben teil. Ablenkung sucht er im Hause Helmer als dessen gern gesehener Gesprächspartner und als Bewunderer Noras. Obwohl er sich den Wünschen und Gedanken Noras gegenüber offen zeigt, macht er den für Nora entscheidenden Fehler, seine erotischen Gefühle, die er für sie empfindet, einzugestehen. Auf diese Weise löst er eine der Konvention entsprechende Reaktion bei ihr aus, die ihr das Eingeständnis der eigenen, finanziellen Notlage unmöglich macht. Er ist zwar Bewunderer ihrer Schönheit, jedoch stark mit sich selbst beschäftigt und leicht geneigt, Verhalten zu verurteilen, das der bürgerlichen Norm nicht entspricht. Diese Verurteilung trifft auch den eigenen Vater, dessen ausschweifendes Leben dem Sohn die ihn physisch vernichtende Krankheit gebracht haben soll. Von dieser Seite kann Nora keine Hilfe erwarten, auf ganz andere, von Nora unerwartete Weise wird sie ihr von Frau Linde zuteil. Ranks Krankheit und sein Tod sind Folge früheren, fremden Fehlverhaltens. Wie er wird auch die Gesellschaft untergehen, die in einengenden Rollenmustern und überkommenen Werthaltungen unreflektiert verharrt und weder Fortschritt noch Entwicklung zulässt. Ranks Zustand symbolisiert daher den Zustand der bestehenden, bürgerlichen Gesellschaft. Zukunft hat allein das menschliche Verhalten, wie es Frau Linde und später auch Krogstad vorleben. Gerade die Erfahrung von Verständnis und Anteilnahme lassen Nora die Verständnis- und Teilnahmslosigkeit ihres Mannes erkennen. Die bürgerliche Gesellschaft kann dem Menschen nur dann Heimat sein, wenn sie sich an den Leitwert der Humanität bindet.

Skizze zur Personenentwicklung

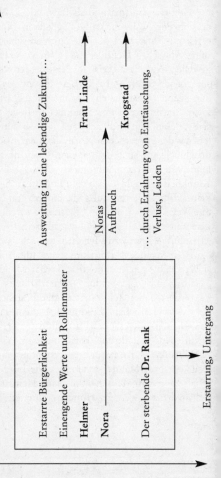

4. Werkaufbau, Gattung, Sprache

Henrik Ibsens *Nora (Ein Puppenheim)* ist als **dreiaktiges Drama** angelegt. Im Verlauf des ersten Akts wird der Zuschauer mit dem vertraut gemacht, was in der Vergangenheit geschehen ist, denn der Ursprung der Konflikthandlung liegt bereits Jahre zurück. Das Verfahren ist analytisch. Der das Drama bestimmende Konflikt ist aus der gesellschaftlichen Wirklichkeit erwachsen, die Ibsen in seiner Zeit sowohl in Skandinavien als auch in seiner Wahlheimat Deutschland vorfand. Man hat daher auch von einem realistischen Gegenwartsdrama gesprochen. Die zeitgenössische bürgerliche Gesellschaft versagt der Ehefrau jegliche Initiative im Bereich der Öffentlichkeit. Geschäftsfähig ist allein der Ehemann, dessen Zustimmung in allen geschäftlichen und finanziellen Angelegenheiten notwendig ist. Nora hat sich ohne die Zustimmung ihres Mannes einen Kredit besorgt, für dessen Bürgschaft sie die Unterschrift ihres zu dem Zeitpunkt soeben verstorbenen Vaters gefälscht hat. Der daraus erwachsende innere Konflikt Noras entbehrt nicht der Tragik. Sie hatte sich für die Gesundung ihres damals todkranken Mannes durch einen einjährigen Kuraufenthalt im milden Klima Italiens entschieden. Ihre fürsorgliche, humane Einstellung bedeutet jedoch einen schwerwiegenden Verstoß gegen die bürgerlich-gesellschaftlichen Vorschriften, von dem ihr Mann unter keinen Umständen etwas erfahren darf. Seit Jahren meistert sie die daraus entstandenen finanziellen Schwierigkeiten durch

> Analytisches Verfahren

> Zusammenstoß zwischen humaner Einstellung und bürgerlich-gesetzlichen Vorschriften

sparsame Wirtschaft, persönlichen Verzicht und eigene Arbeit.

Bis zum Auftritt Frau Lindes weiß der Zuschauer von Noras Verwicklungen nichts. Erst im Gespräch mit Frau Linde über die vergangenen Jahre werden diese Informationen nachgeholt, ausgelöst durch den Satz Frau Lindes: »Du bist ein Kind, Nora« (16). Weil Nora sich als Lebensretterin ihres Mannes fühlt, ist sie erfüllt von Stolz und Selbstbewusstsein und glaubt sich stark genug, mit den bestehenden Schulden fertig zu werden.

Die gedankliche und inhaltliche Komposition des Dramas ist darauf ausgerichtet, den Widerspruch zwischen dem gesellschaftlichen Schein und dem inneren Sein aufzudecken. Der Konflikt ist aus den bestehenden gesellschaftlichen Verhältnissen erwachsen und nur aus ihnen zu erklären. Die Aufklärung über lange Vergangenes, das in die Gegenwart hineinreicht und sie im Verlauf des Stückes immer entscheidender bestimmt, macht die Erweiterung der Dialogstruktur um epische Elemente erforderlich, denn auch die Handlungsmotivation ist von Interesse und muss herausgearbeitet werden. »Das Verfahren der retrospektiven Analyse [...] wird im *Puppenheim* mit äußerster Präzision und Konsequenz gehandhabt. Es ist von ausschlaggebender Bedeutung für die Aufdeckung der Vergangenheit. Dieses Gestaltungsprinzip besteht darin, daß die Analyse der Gegenwart durch die Analyse der Vergangenheit vorbereitet wird.«[4] Geschehnisse der Gegenwart werden durch die Kenntnis der Vergangenheit transparenter. Ein Prozess wird aufgedeckt, der die fatalen Wirkungen

> Innere Komposition des Dramas

> Erweiterung der Dialogstruktur um epische Elemente

des Vergangenen auf die handelnden Personen erkennen lässt. Die vor Beginn der Handlung entstandenen Konflikte offenbaren sich nach und nach in den Dialogen. Die eigentliche tragische Handlung und ihre Folgen für die Handelnden führt schließlich zu ihren tief liegenden, in der Gesellschaft verankerten Wurzeln.

»Die analytische Gesamtstruktur besteht aus einem retrospektiven und einem perspektiven Teil, die beide eng miteinander verwoben, aber nicht identisch sind. Daher darf man die rückblendende Analyse nicht mit der Analyse der konkret gestalteten Gegenwart gleichsetzen.«[5]

> *Analytische Gesamtstruktur: Retrospektiver und perspektiver Teil*

Im retrospektiven Teil muss Nora ihre Geheimnisse, die Geldanleihe und die Urkundenfälschung vor ihrem Mann hüten, um ihre Ehe und ihr »glückliches Heim« (19) zu erhalten. Sie muss das, was sie aus Liebe und Verantwortungsbewusstsein für Mann, Kinder und Vater getan hat, vor aller Welt verbergen. Sie träumt davon, vielleicht das »Wunderbare« zu erleben, dass sich die Liebe zwischen Mann und Frau stärker als alle gesellschaftlichen Konventionen erwiese. Ihr gesunder Menschenverstand sagt ihr, dass ihr Einsatz für ihren Mann und die Schonung ihres sterbenden Vaters kein Unrecht gewesen sein können. Leider machen die konkreten Lebensbedingungen es ihr unmöglich, sich offen zur Menschlichkeit zu bekennen. Insofern verdeutlicht die Vorgeschichte die Entstehungsbedingungen des dramatischen Grundkonflikts und zeigt seine Verankerung in den bestehenden gesellschaftlichen Bedingungen.

Die eigentliche, in der Gegenwart spielende Handlung zeigt das Wesen der menschlichen und gesellschaftlichen

Beziehungen. Sie enthüllt die Scheinhaftigkeit durch Offenbaren des wahren Seins. Den Höhepunkt der Spannung, die Peripetie, die Wende im Schicksal beider, erreicht das Drama in der Mitte des zweiten Akts, als Helmer sich der Bitte Noras verschließt, Krogstad nicht zu entlassen. Von da an zielt Noras Erwartung auf den eigenen Untergang. Zwar hofft sie, Helmer könne ihr anbieten, die Fälschung auf sich zu nehmen, aber gerade dieses Angebot will sie nicht annehmen, sondern Selbstmord begehen, um ihm bürgerliche Schande zu ersparen. Vorgeschichte und Untergang fügen sich in Noras Vorstellung zu einem tragischen, sinnvollen Ganzen. Nora will sich eher opfern als die Wahrheit eingestehen. »NORA. Ja, das Wunderbare. Aber das ist so entsetzlich, Christine; es darf nicht geschehen, um keinen Preis der Welt« (62).

Peripetie

Gesellschaftliches Ansehen, Zugehörigkeit zum Establishment, Karrierestreben, Selbstsucht und Aufrechterhaltung des bürgerlichen Scheins sind für Helmer wichtigster Lebensinhalt, wichtiger als der Versuch, die Handlungsmotive des Anderen zu ergründen. Unter solchen Bedingungen fällt die Handlung permanent ab und mündet schließlich in die Katastrophe. Zwar bietet Ibsen im Verlauf des Dramas verschiedentlich Möglichkeiten an, den dramatischen Grundkonflikt positiv zu wenden; so bestünde durchaus die Chance, ohne Gesichtsverlust die Kündigung Krogstads zurückzunehmen oder Dr. Rank als Geldgeber in der Not zuzulassen oder nach Rückgabe des Schuldscheins zur Tagesordnung zurückzukehren. Doch die im Verlauf des dritten Akts gewachsene Einsicht Noras in die menschliche Unzulänglichkeit und Lieblosigkeit ihres

Abfallende Handlung

Mannes ist zu schwerwiegend, um die Ehe aufrechtzuerhalten. Der Aufbruch Noras, die nicht mehr Puppe, Spielzeug und Tierchen im Käfig sein will, sondern zu eigenen Erkenntnissen, Selbsterkenntnis und Selbstverwirklichung drängt, ist letztendlich positiv, wenngleich der offene Schluss des Dramas jede Auskunft über den Erfolg verweigert.

> Katastrophe als offener Schluss

Die Personen des Dramas agieren als Protagonisten und Antagonisten. Doch nicht Krogstad, sondern Helmer ist der eigentliche Gegenspieler Noras. Die Erschütterung des Zuschauers ergibt sich aus der Erkenntnis, dass der in der Gesellschaft und im Drama als Bösewicht fungierende Erpresser Krogstad im Grunde mehr Herz und eine humanere Einstellung an den Tag legt als der in der Gesellschaft hoch geschätzte, zukünftige Bankdirektor Helmer. Was sich vor den Augen der Zuschauer abspielt, macht endgültig klar, dass »die echte Problematik des Dramas nicht in Noras geheimer Geldanleihe und Wechselfälschung besteht, diese ›Verfehlungen‹ sind für die Art und Weise der Lösung des Grundkonflikts nahezu unbedeutend. Sie bestimmen weder die Zuspitzung des Konflikts noch den Inhalt der Auseinandersetzung zwischen Helmer und Nora.«[6] Die in der Gesellschaft verankerte Inhumanität ist es, die das Entsetzen des Lesers oder Zuschauers begründet.

> Noras Gegenspieler

Die Akte sind jeweils auf die Aktschlüsse, die von besonderem Gewicht sind, hin komponiert. Am Schluss des ersten Akts steht eine ratlose, aber keineswegs von den Verurteilungen Helmers überzeugte Nora. Der Aktschluss des zweiten Akts mit seiner Addition der Stunden, die Nora noch zu

> Aktschlüsse

leben gedenkt, verdeutlicht Noras Panik und ihre Erwartung des Wunderbaren zugleich. Die Frage Helmers und Noras Antwort: »Aber wo bleibt denn meine kleine Lerche? NORA (*eilt mit offenen Armen auf ihn zu*). Hier ist die Lerche!« zeigen, dass Nora, gerade dort, wo sie sich opfern will, noch die unmündige Kreatur Helmers ist. Der Schluss des dritten Akts liegt außerhalb des dramatischen Rahmens. Die Frage nach dem »Wunderbarsten« wird Helmer in den Mund gelegt, der hier für die vom Mann bestimmte Gesellschaft einstehen muss. Er rechnet nicht ab, sondern nennt den Grund für den Konflikt beim Namen: das Fehlen eines Zusammenlebens in gegenseitiger Verantwortung.

Ibsen hat sich der Gattung des **analytischen Dramas** bedient, eine Gattungsvariante, die seit der antiken Tragödie einen literarisch bedeutenden Platz einnimmt.[7] Es handelt sich um ein Enthüllungsdrama, dessen Bühnengeschehen nicht alle Ereignisse, die zum tragischen Konflikt führen, umfasst, sondern nur ihre Auswirkungen, die Zuspitzung zur Katastrophe, während die eigentliche, das Geschehen motivierende Handlung vor seinem Beginn liegt und sich im Laufe des Bühnenspiels den ahnungslos Handelnden schrittweise mitteilt. In der schrittweisen dramatischen Analyse, deren Stationen die drei Akte sind, werden sich die Personen nach und nach ihrer Stellung in einer Gesellschaft bewusst, die Konflikte zudeckt, statt sie zu lösen.

Die **Sprache** des Dramas ist einfach, der Alltagsprosa vergleichbar. Vorherrschend ist der gesellschaftliche Konversationston. Das monologische Element, das Innensicht in das Denken und

Alltagssprache

die Einstellungen der Personen gewährt, ist zugunsten des klaren, zugespitzten Dialogs stark zurückgedrängt. Die Aktschlüsse weisen stärkeren monologischen Charakter auf. Gefühlsäußerungen verlegt Ibsen in die Gebärden, die durch sachliche, nicht selten aber auch durch affektive Regieanweisungen bestimmt sind. Nora »*lächelt*« und bedeutet so, dass sie mehr weiß, als sie sagt. Stolz und Verletzung werden durch die Haltung des Kopfes und raumgreifende Schritte unterstrichen, Körperbewegungen (*sich zurückwerfen, sich aufrecht setzen, aufspringen, entgegeneilen*) verraten die jeweils wechselnden seelischen Befindlichkeiten. Die Regieanweisungen, hier auf Nora beschränkt, zeigen dem Leser im Verlauf der Handlung die Entwicklung Noras vom Spielzeug zur sich emanzipierenden Frau. Der Umschlag in die Katastrophe wird durch die Szenenanweisung »*kalte Ruhe*« begleitet, und im offenen Widerspruch zu Helmer (»*schüttelt den Kopf*«, »*unbeirrt*«) verlässt sie das Haus (»*zieht den Mantel an*«, »*bindet sich den Hut fest*«, »*nimmt ihre Reisetasche*«, »*geht durch den Flur hinaus*«), dessen Tür »*dröhnend ins Schloß fällt*«.

> Gebärdensprache

> Regieanweisungen

5. Wort- und Sacherläuterungen

3,3 **Nora:** Abkürzung von Leonore. Ein zur Zeit Ibsens sehr häufig vergebener Frauenname.

3,6 **Krogstad:** Krog bedeutet im norwegischen Ecke, Winkel. Die Namengebung deutet auf die unsauberen Geschäfte in der Vergangenheit Krogstads hin. Wir kennen den Ausdruck »Winkeladvokat«.

3,10 **Stadtbote:** Gepäck- und Nachrichtenüberbringer. Sie bekommen für ihre Hilfsdienste im Vorhinein festgelegten Lohn.

5,5 **Pianoforte:** Klavier (veralteter Ausdruck), in bürgerlichen Haushalten der Zeit ein Statussymbol. Die so genannten »höheren Töchter« erlernten das Klavierspiel.

5,10 **Ofen aus Steingut:** Kachelofen.

5,12 **Etagère:** offener, mit Regalböden ausgelegter Schrank. Das Möbelstück diente der Ausstellung von Schmuckgegenständen wie Silber und Porzellan, wohl auch von Familienfotos.

5,13 **Porzellan:** edle Keramik, die gegen Ende des 19. Jahrhunderts von Kopenhagen aus eine Neubelebung in der Porzellankunst erfuhr. Bis heute wird Königlich Kopenhagener Porzellan handbemalt und teuer verkauft.

5,27 f. **Fünfzig Öre ... eine Krone:** Der Durchschnittstageslohn für einen Arbeiter belief sich 1880 in den norwegischen Städten auf zwei Kronen und 25 Öre. Man kann daher ermessen, dass Noras Trinkgeld sehr reichlich ausfällt.

5,31 **Makronen:** Gebäck aus Mandeln, Nüssen und Eiweiß.

13,9 **Aktienbank:** als Aktiengesellschaft organisierte Bank. Neben den Sparkassen arbeiteten im Norwegen der

5. WORT- UND SACHERLÄUTERUNGEN 39

1870er-Jahre zehn solcher Institute, das Grundkapital bestand aus Anteilen einer Anzahl von Geldgebern.

13,28 **Schulzeit:** Dass Nora von ihrer Schulzeit spricht, weist sie als einem höheren Bürgerstand zugehörig aus. Nur die gut verdienenden und angesehenen Bürger schickten ihre Töchter auf Mädchenschulen. Erst in den 1870er-Jahren wurden öffentliche Mittelschulen in Norwegen für Mädchen geöffnet.

14,19 **Zwölfhundert Spezies. Viertausendachthundert Kronen:** Ein Speziestaler hatte den Wert von vier Kronen. Er war die Haupteinheit der norwegischen Währung, wurde dann aber 1874 durch die Kronenwährung abgelöst. Ein norwegischer Lehrer verdiente in den 1880er-Jahren jährlich um 1600 Kronen. Noras Schuldenaufnahme ist nicht unerheblich und macht klar, dass sie schwer daran trägt.

19,18 **Kaprizen:** Launen, Wunderlichkeiten, Eigenwille.

20,7 **deklamiere:** Deklamation ist ein kunstgerechter, dem Gegenstand angemessener Vortrag.

23,20 f. **angefault:** Dr. Rank vertritt einen Standpunkt, den man als sozialdarwinistisches Gedankengut bezeichnet. Charles Darwin hatte den Standpunkt vertreten, dass sich nur die Tiere einer Spezies mit dem gesündesten Erbgut durchsetzten (»survival of the fittest«). Rank überträgt diesen Standpunkt im Falle Krogstads auf den moralisch-ethischen Bereich.

24,19 **Observation:** wissenschaftliche Beobachtung.

41,18 **Maskeradekostümen:** Kostümen, die der Verkleidung bei Maskenfesten dienen.

42,14 **Amme:** eine Frau, die stellvertretend für die Mutter einen fremden Säugling (oft neben dem eigenen) stillt.

43,3 **Muff:** altmodisches Kleidungsstück in Form einer

länglichen Hülle aus wärmendem Material, das im Winter anstelle von Handschuhen getragen wird.

43,17 **Tarantella:** mit Kastagnetten und Schellentrommel getanzter süditalienischer Tanz in schnellem, sich steigerndem drei- oder sechsachtel Takt.

43,18 **Capri:** Insel im Golf von Sorrent.

44,7 f. **Rückenmarksschwindsucht:** Krankheit, die das Rückenmark im Gefolge von Syphilis befällt und die unheilbar ist. Ihr Verlauf erstreckt sich über sehr verschiedene Zeiträume, von 2–20 Jahren.

44,9 **sein Vater war ein abscheulicher Mensch:** Hier wird auf das Prinzip der Vererbung angespielt, wonach sich die Verfehlungen der Väter durch Vererbung an den Söhnen rächen.

50,30 **Tamburin:** eine mit Schellen besetzte Handtrommel.

51,34 **Status:** Gesundheits- oder Krankheitszustand.

73,7 **Domino:** Maskentracht: Mantel mit weiten Ärmeln und Kapuze.

74,11 **kapriziöses:** launenhaftes.

79,10 **Havannas:** teure Zigarrensorte, benannt nach Havanna, der Hauptstadt Kubas.

80,14 **Doctor medicinae:** (lat.) Doktor der Medizin.

85,23 **Alkoven:** abgetrennter, fensterloser Nebenraum, oft eine Nische mit Bett.

94,1 **Schlüssel:** Mit der Rückgabe der Schlüssel verzichtet Nora auf die ihr rechtlich zustehende Schlüsselgewalt. Sie bricht alle Brücken zu Helmer und ihren Kindern ab.

6. Interpretation

Bei seinem ersten mehrmonatigen Deutschlandaufenthalt 1852 in Dresden hatte Ibsen das neu erschienene Buch Hermann Hettners *Das moderne Drama* kennen gelernt. Hettner rief dort eine Literatur ins Bewusstsein, die wesentlich an Lessing gebunden war. Er befragte die Hintergründe und zeitgeschichtlichen Voraussetzungen für Lessings Schaffen und forderte einen engen Zusammenhang zwischen der Zeitgeschichte und der Dichtung. Eine Literatur, die, wie die klassisch-idealistische, ewige Werte verkörpere, stellte Hettner in Frage: Seine Forderung war die Darstellung der Denkart eines Zeitalters. Nach der Begegnung mit Hettner entwickelte Ibsen Dramenhandlungen, die sich mit Problemen der zeitgenössischen bürgerlichen Gesellschaft und ihren psychischen Auswirkungen auf die in ihr lebenden Menschen beschäftigten. Ibsen legte die Schwächen der bürgerlichen Gesellschaft rückhaltlos offen und nahm dafür unbeeindruckt ihren Protest entgegen. Er konfrontierte seine Zuschauer immer wieder mit an der gesellschaftlichen Realität orientierten Schauspielhandlungen.

<aside>Ibsen als moderner Dramatiker</aside>

Das trifft in besonderem Maße auch für sein Stück *Ein Puppenheim* zu, das 1879 in Italien abgeschlossen wurde. Schon 1878 hatte Ibsen von Rom aus seinem dänischen Verleger F. Hegel gegenüber »Aufzeichnungen an einer Tragödie der Gegenwart« erwähnt und den Konflikt folgendermaßen beschrieben: »Es gibt zwei Arten von geistigem Gesetz, zwei Arten

<aside>Ein Puppenheim als »Tragödie der Gegenwart«</aside>

von Gewissen, eines für den Mann und ein ganz anderes für die Frau. Sie kommen nicht überein; doch wird die Frau im praktischen Leben nach dem Gesetz des Mannes beurteilt, als ob sie keine Frau, sondern ein Mann wäre. [...] Eine Frau kann nicht sie selbst sein in der Gesellschaft der Gegenwart, einer ausschließlich männlichen Gesellschaft, mit von Männern geschriebenen Gesetzen und mit Anklägern und Richtern, die über das weibliche Verhalten vom männlichen Standpunkte aus urteilen. Sie hat eine Fälschung begangen, und das ist ihr Stolz; denn sie hat es aus Liebe zu ihrem Mann getan, um ihm das Leben zu retten. Aber dieser Mann steht mit seinem ganz alltäglichen Ehrgefühl auf dem Boden des Gesetzes und sieht die Sache mit männlichen Augen.«[8]

Ibsen erklärt den Bühnenkonflikt unmissverständlich aus den unterschiedlichen Wertmaßstäben der Geschlechter. In der bürgerlichen Gesellschaft ist der Mann die Autorität. Seine Stellung in der Öffentlichkeit verschafft der Familie Ansehen, das aber auch sehr schnell verspielt werden kann, wenn sich die wirtschaftlichen Verhältnisse ungünstig verändern. Die Frau aus den höheren bürgerlichen Schichten spielt in der Öffentlichkeit keine andere als eine repräsentative Rolle. Von Geschäften des Mannes wird sie fern gehalten.

Der Fall Laura Kieler

Zur Untermauerung seines fiktiven Konfliktfalls zwischen Nora und Torvald Helmer greift Ibsen auf den Fall Kieler zurück. Das Schicksal der norwegisch-dänischen Schriftstellerin Laura Kieler (1849–1932), war in gewisser Weise Vorbild für *Nora*. Als Laura Petersen hatte sie die Familie Ibsen 1871 in Dresden besucht. 1873 heiratete sie in Dänemark den Lehrer Victor Kieler, einen unberechenbaren und aufbrausenden Menschen, dessen Wutanfälle dann unerträglich ausarteten, wenn es um Geld ging. Als er an Lungentuberkulose erkrankte und der Arzt einen Aufenthalt im Süden empfahl, nahm Laura Kieler ohne sein Wissen und seine Zustimmung ein Darlehen auf. Nach der Rückkehr der Familie nach Dänemark waren die Finanzsorgen groß, weshalb die damals schwangere Frau Kieler ein neues Darlehen in Form eines Wechselkredits aufnahm, für den zwei Kaufleute aus ihrer Bekanntschaft die Bürgschaft übernahmen. Das Geld konnte nicht zurückgezahlt werden, denn auch die Bürgen waren in große finanzielle Schwierigkeiten geraten. Daraufhin schrieb sie selbst einen Wechsel aus, den die Bank aber nicht als gültig akzeptierte. Diese Ereignisse bewogen ihren Mann, sie in eine psychiatrische Klinik einzuliefern. Die Ehe wurde getrennt und der inzwischen geborene Säugling wurde ihr weggenommen. Nach zwei Jahren kehrte Laura Kieler jedoch auf Wunsch ihres Mannes zu ihm zurück. Ibsens Zeitgenossen erinnerte das Schicksal Noras an den Fall Kieler. Frau Kieler wandte sich an Ibsen mit dem Wunsch, er solle eine Ehrenerklärung abgeben, dass sie *nicht* das Modell für Nora sei. Dieses Ansinnen bezeichnete Ibsen als lächerlich und gegenstandslos, weil er selbst niemals eine solche Gleichsetzung vorgenommen habe. Dennoch war es der Fall, dass Ibsen nicht idealisierte Gestalten, sondern real existierende Konfliktfälle auf die Bühne brachte, denen er, wenn auch auf lange Sicht, verändernde Kraft im gesellschaftlichen Leben zutraute. Nur durch Rückgriff auf das in Wahrheit Bestehende konnte er die inhumanen Verhältnisse seiner Zeit aufdecken.

Nora (Ein Puppenheim) spielt von Heiligabend bis

zum zweiten Weihnachtsabend. Das Weihnachtsfest gilt auf dem Hintergrund der Geburt Christi als Fest der Liebe und daher als Familienfest, an dem man durch Entgegenkommen, Geschenke und Aufmerksamkeiten die Zusammengehörigkeit unterstreicht. Was Ibsen im Verlauf der Bühnenhandlung zeigt, entpuppt sich jedoch eher als Lieblosigkeit, Auseinanderbrechen der Familie und kleinliche Rechthaberei des Ehemanns seiner Frau gegenüber. Sie ist das unmündige Kind an Helmers Seite, und sie selbst führt sich zu Beginn des Dramas nicht anders ein.

Symbolische Bedeutung des Weihnachtsfestes

Die Auswahl der Geschenke für die Angestellten und die Kinder rechtfertigt sie, die Näscherei der Makronen gibt sie nicht zu, sie sind ihr eine Lüge wert, und ihr Geldwunsch, den sie Helmer gegenüber äußert, lenkt die Aufmerksamkeit des Zuschauers auf den eigentlichen Mangel, den Nora empfindet, den Mangel an Geld. Geld erfährt von vornherein eine starke Akzentuierung, sei es durch das zu großzügige Trinkgeld für den Dienstmann, der den Tannenbaum bringt, sei es in der Rechtfertigung der Ausgaben für die Geschenke oder dem Wunsch, das von Helmer spendierte Geld als Schmuck des Weihnachtsbaumes zu verwenden. Auch die Freude über die Beförderung ihres Mannes und die damit verbundene Einkommensverbesserung zeigt, wie sehr Nora – und auch darin ist sie das verwöhnte Kind aus der höheren bürgerlichen Gesellschaft – Geld und Ansehen miteinander verknüpft. Als ihr klar wird, dass die gehobene Stellung ihres Mannes andere von ihm abhängig macht, empfindet sie »Freude« (25) und Vergnügen, nicht zuletzt, weil sie sich mit ihm identifiziert, was Ibsen durch

Geld als Machtfaktor in der Gesellschaft

6. INTERPRETATION

das Personalpronomen »wir« zum Ausdruck bringt. Nora hat verstanden, dass Geld und Macht in der bürgerlichen Gesellschaft aufeinander bezogene Faktoren sind. Besitzt Helmer eine gesicherte Stellung, hat er Einfluss und Macht, profitiert Nora. Voraussetzung dafür ist allerdings die persönliche Unterwerfung unter den Willen ihres Mannes, die unwidersprochene Akzeptanz seiner an sie gestellten Erwartungen. Sie muss – und noch will sie es auch – die Lerchenrolle spielen, den Singvogel, dessen vornehmliche Aufgabe darin besteht, gute Laune zu verbreiten; nur so kann sie an seinem Ansehen teilhaben und sich ein äußerlich unbeschwertes Leben sichern. Diese Rolle fällt ihr im Übrigen nicht schwer, denn Nora ist nicht der Typ, der äußerliche Lebensbedingungen ändern möchte. Ihr einziges Bestreben ist, mit der gegebenen Situation zurechtzukommen. Dazu gehört die äußere Anpassung an die Wünsche ihres Mannes und die Wahrung ihres wohlgehüteten Geheimnisses vor Helmer. Aber Ibsen lässt auch die Requisiten mitspielen, indem er ihnen innerhalb der Akte symbolische Bedeutung verleiht, die den inneren, seelischen Zustand Noras für den Zuschauer sichtbar machen. Gleich zu Beginn wird Nora mit dem Weihnachtsbaum verbunden. Zunächst als Symbol der Vorfreude auf das Fest, als Schmuck, der dem Fest eine herausgehobene Bedeutung gibt, aber der Baum bleibt nur so lange auf der Bühne, bis der Zuschauer ihn als bedeutendes Symbolzeichen wahrgenommen hat, dann wird er vom Hausmädchen entfernt. Am Ende des ersten Akts aber, als der Zuschauer durch Frau Linde und Krogstad die Verwicklungen Noras und die Gefährdung der häuslichen

> Noras Rollenakzeptanz

> Bedeutung der Requisiten für die Handlung: Der Weihnachtsbaum

Idylle klar vor Augen hat, wird er zurück in die Mitte des Zimmers gebracht. Die vernichtendste Bedrohung ihrer Existenz wird Nora beim Schmücken des Baumes bewusst, immer mehr tritt die Beschäftigung mit dem Baumschmuck hinter die innere Not zurück, die ihren Höhepunkt nach dem Gespräch mit Helmer findet, in der Aussage: »Meine kleinen Kinder verderben –! Mein Heim vergiften? [...] Das ist nicht wahr! Das ist nie und nimmer wahr!« (40). Wenn dann der Baum am Beginn des zweiten Aktes zerzaust und geplündert in einer Ecke steht, so ist er sprechendes Symbolzeichen für Noras inneren Zustand, den Zustand ihrer Ehe und den Grad der Familienzerrüttung, dem keine Änderung zum Positiven gegenübersteht.

Was Nora zu Beginn des ersten Aktes noch mit Stolz erfüllt hatte, nämlich die selbstständige Beschaffung des Kredits, mit dem sie Helmers Leben retten konnte, ist vor Helmer letztendlich nicht zu verbergen, die Konsequenzen daraus liegen am Ende des Aktes – zwar bezogen auf Krogstad – von ihm selbst formuliert auf dem Tisch. Helmers Grundsätze sind klar und unumstößlich. Das Verhängnis nimmt seinen Lauf. Helmer lehnt die Bitten Noras ab, Krogstad in der Bank weiterzubeschäftigen, Krogstad seinerseits hat den Brief mit den entlarvenden Informationen in den Briefkasten geworfen.

Im zweiten Akt wird der Raum, wie Ibsen ihn aufteilt und auf der Bühne verwirklicht sehen möchte,

> Der Raum

zum mitspielenden, die Handlung symbolisch begleitenden Requisit. Vom Wohnzimmer, Noras Aufenthaltsraum, besteht eine Verbindung sowohl zu Helmers Arbeitszimmer als auch zum Flur mit dem Briefkasten. Die Bedrohung Noras durch Helmer angesichts der Entdeckung ihrer Vergangenheit ist unabwendbar. Noch beschwichtigt Nora sich selbst mit dem »Wunderbaren«, einer Märchenwendung. Aber schon allein die Entlehnung des Begriffs aus dem Märchen verdeutlicht, dass ihr »Wunderbares« jenseits aller realistischen Erwartung liegt. Nora versteckt hinter dem »Wunderbaren« das Unwahrscheinliche, nämlich dass Helmer nachsichtig und gütig ihre »Schuld« selbstverständlich zu der seinen machen würde. Aber es handelt sich eben nur um den vagen Glauben an eine Möglichkeit, ihre Erfahrung ist gegenteilig. Sie ist für ihn nichts anderes als das süße kleine *Ding*, das Eichhörnchen und die Lerche, die Elfe, die für ihn im Mondschein tanzen würde, die Puppe, das Spielzeug und das willfährige Kind, das er von einem vergleichbar autoritären, selbstgefälligen Vater übernommen hat. Und Nora würde diese Rollen gern weiterspielen, könnte sie der Auseinandersetzung entkommen. Sie ist in Wirklichkeit weiterhin das Kind, dem keine eigenen Ansichten, schon gar kein selbstständiges Handeln zugebilligt wurden, das nur von außen bestimmt, nicht aber zur Ausbildung eigener Anschauungen, individueller Haltungen und zur Persönlichkeitsbildung angehalten wurde.

> Das »Wunderbare«

Nora ist so sehr männlicher Autorität verhaftet, dass sie sich Hilfe nur von Männern und von ihrer weiblichen Ausstrahlung verspricht. Christine Linde gegenüber spielt sie mit der Möglichkeit, das Geld nicht geliehen, sondern »von dem einen oder anderen Verehrer« (18) bekommen zu haben, und beruft sich dabei auf ihre hübsche Larve, die Verehrer anlockt. Auch wird Dr. Rank als Helfer in der Not erwogen, von dem sie sicher weiß, dass er nur ihretwegen die intensive Beziehung zum Haus Helmer unterhält. Ihren

> Nora als typisches Weib

Plan, Rank um Geld zu bitten, leitet sie auf weibliche Weise aufreizend ein, indem sie ihm einen Blick auf die fleischfarbenen Strümpfe ihres Tarantellakostüms gewährt. Die sich anschließende quasi erotische Szene zwischen Nora und Rank zeigt sie als verführerisches Weib, das die Wirkungen seiner Verführungskunst genau kennt und bis zu dem Punkt einsetzt, wo es zum Geständnis von Ranks Liebe kommt. Auch hier bedient sich Nora der Verstellung, indem sie Überraschung und Erschrecken über das heuchelt, was sie uneingestandenermaßen längst wusste.

Zunächst gestaltet das Drama den Konflikt Noras, der in der Geldbeschaffung zur Kreditrückzahlung besteht, ohne dass dies von Helmer bemerkt wurde. Die Geldbeschaffung zu den vereinbarten Terminen ist ihr über Jahre gelungen, die Schuld bereitet ihr keine innere Not. Durch den in Aussicht stehenden Direktorenposten ihres Mannes verspricht sie sich auch in diesem Punkt Erleichterung. Von Geschäften versteht sie allerdings nichts. Über die noch ausstehende Schuldsumme kann sie keine Auskunft geben, weil »bei solchen Geschäften [...] sehr schwer Ordnung zu halten« ist (20), wie Nora gegenüber Frau Linde äußert. Der Konflikt spitzt sich dramatisch zu und wird zur inneren Not, als ihr Gläubiger Krogstad die Situation dadurch verschärft, dass er die Unterschriftsfälschung ins Spiel bringt. Um Nora zu erpressen, droht er, die Fälschung aufzudecken. Durch ihn begreift Nora allmählich die juristische Reichweite ihrer Tat. Vor dem Gesetz ist ihr Motiv für die Tat: »Ich tat's aus Liebe« (36) null und nichtig, Liebe ist keine Kategorie im Geschäftsleben. Der Schuldschein in den Händen Krogstads ist das *corpus delicti*, das drohend über ihrem Familienglück hängende Damoklesschwert, das, nachdem die Mit-

Zuspitzung des Konflikts

teilung darüber im Briefkasten liegt, das Leben Noras total verändert. Zunächst noch auf Erfolg ihrer Fürsprache für Krogstad hoffend, dann die Selbsttötung als Ausweg planend, verfällt sie der Verzweiflung, die ihren höchsten Ausdruck im Tarantella-Tanz findet. Während sie zunächst Helmer noch in der ihr eigenen Unterwerfung auffordert, sie zu »begleiten«, zu »verbessern« und »anzuleiten« (64), versteigt sie sich schließlich zu dem Ausruf: »Nun spiel mir auf! Jetzt will ich tanzen!« (65). Die Tarantella schlägt für den Zuschauer um in den »Totentanz«, begleitet von Rank und Helmer, der eine aufspielend, der andere korrigierend eingreifend, ein erschütterndes Bild angemaßter Überlegenheit und männlichen Dirigismus. Helmers Einwand »Aber liebste, beste Nora, du tanzt ja, als ging' es um dein Leben«, fordert Noras lapidare Antwort heraus: »Das tut's doch auch« (65). Die vom Zuschauer beobachtete Probe der Tanzszene am Ende des zweiten Akts setzt die absolute Unterwerfung Noras unter ihr Schicksal ins Bild.

Tarantella als Totentanz

Die am zweiten Weihnachtstag im oberen Stockwerk bei Konsul Stenborg von Nora getanzte Tarantella, von der der Zuschauer nur im so genannten »Botenbericht« hört, leitet die dramatische Wende ein. Sie fügt dem Charakter Helmers neben den Eigenschaften des Erziehers und Unterdrückers noch die Facette des unverhüllt sexuell Begehrlichen hinzu. Die Drapierungen in Form des Maskenkostüms und bürgerlicher Wohlanständigkeit fallen. Nora wird auf sich selbst zurückgeworfen. Ihr wird klar, dass das »Wunderbare« nicht eintritt, dass sie allein für ihre Schuld einstehen muss. Ihre gesetzliche Verfehlung macht sie in Helmers Augen untauglich zur Ehefrau und – was für Nora schlimmer wiegt – als Mutter. Ihre Vorstellung, sich selbst zu opfern, um Schande von ihm abzuwenden, läuft ins Leere und wird von Helmer als »Komödie« (82) bezeichnet. Während sich die Redeanteile Helmers nach der Enthüllung durch Krogstads Brief überlang ausdehnen, werden die Reaktionen Noras auf ein sprachliches Minimum zurückgenommen. Nora begreift und erkennt Helmers wahren Charakter, der ihre Tat im Nachhinein sinnlos macht und eine Loslösung von ihrem Mann dringend notwendig erscheinen lässt. Während er Nora in zorniger Entschlossenheit aus seinem Leben entfernt, hat Nora den Bruch innerlich vollzogen, daran ändert auch die überraschende Rückgabe des Schuldscheins nichts mehr. Das Geschehene kann unter den Umständen, die Nora durchschaut hat, nicht mehr rückgängig gemacht werden. Im Alltagskleid, nicht mehr gewillt, sich in Rollen und Kostüme zwängen zu lassen, verlässt sie Helmer. Die Freiheit, die sie sich herausgenommen hatte, als sie ohne Helmers Wissen Geld borgte, mit der Konsequenz der falschen Unterschrift, möchte sie nun zur Dauer werden lassen. Mit ihrem Weggang verlässt sie die bürgerliche Gesellschaft und überantwortet sich einem unbekannten Schicksal.

> *Nora im Alltagskleid*

Während Christine Linde und Krogstad sich in die Notwendigkeit und die bürgerliche Enge fügen, begehrt Nora die »volle Freiheit« (93), emanzipiert sich von allen Rollen und bricht auf zu neuen Möglichkeiten. Das Pathos ihrer Sprache unterstreicht diesen Aufbruch aus einer unterdrückten in eine höhere Lebensform.

> *Die »volle Freiheit«*

Die höhere Lebensform aber zeichnet sich aus durch Selbstständigkeit im Handeln, durch Urteilsfähigkeit, Bildung und Humanität im Dienste der Gemeinschaft.

7. Autor und Zeit

Henrik Ibsen wurde am 20. März 1828 in der norwegischen Kleinstadt Skien als Sohn des wohlhabenden Kaufmanns Knud Ibsen und seiner Ehefrau Marichen geboren. Seit dem Frieden von Kiel am 14. Januar 1814 gehörte Norwegen nicht mehr zu Dänemark, sondern zu Schweden. Beamte und Kaufleute repräsentierten in dieser im wesentlichen noch bäuerlich geprägten Gesellschaft als Großbürgertum die Oberschicht.

Henrik Ibsen wuchs dementsprechend zunächst in wirtschaftlich guten Verhältnissen auf, da sein Vater zur herrschenden Schicht gehörte und mit hohem gesellschaftlichem Ansehen einem großen, für Besucher stets offenen Haus mit Bediensteten im Zentrum der Stadt vorstand. Im Zusammenhang mit den napoleonischen Kriegen und der gegen England gerichteten Seeblockade gerieten jedoch eine Reihe von Kaufleuten durch Handelsrückschläge in Schwierigkeiten. Darüber hinaus führten Strukturveränderungen nach 1830 zu wirtschaftlichen Umschichtungen, die Knud Ibsen 1836 in den Ruin trieben. Sozial deklassiert, musste er mit seiner Familie Skien verlassen und bis 1843 ein recht bescheidenes Leben auf dem ihm verbliebenen Landgut Venstøp führen.

> *Ibsens Kindheit*

In Venstøp wich Henrik Ibsens ungetrübte Kindheit einer Einsamkeit, die er mit Zeichnen, Malen und Lesen überbrückte, für Freunde und Verwandte spielte er wohl auch Puppentheater. Der Einfluss der Eltern auf ihn war insgesamt gering. 1843 kehrte die Familie nach Skien zurück. Dort besuchte Ibsen die Realschule, die er aber aus freien Stücken als Fünfzehnjähriger ohne Abschluss verließ.

Die wirtschaftlichen Verhältnisse zwangen ihn, eine Tätigkeit aufzunehmen. So verließ er Skien und trat als Apothekerlehrling in die Reimann'sche Apotheke in Grimstad ein, eine Stadt von damals etwa 800 Einwohnern, deren kleinbürgerliches Milieu ihn zu satirischen Angriffen herausforderte. In Grimstad entschloss sich Ibsen, das Abitur nachzuholen, mit dem Ziel, ein Medizinstudium aufzunehmen. Gleichzeitig arbeitete er an seinem ersten Stück *Catilina*, für dessen Druck sich seine beiden Freunde Christopher Due und Ole C. Schulerud beharrlich einsetzten, so dass es 1850 im Privatdruck erschien. Das Stück erregte in Studentenkreisen Aufsehen und Interesse, es wurden aber nicht viele Exemplare verkauft. Ein positives Urteil fand dieser Erstling durch M. J. Monrad, Professor für Altphilologie. Er stimmte der vorgetragenen »Idee« zu und vertrat die Ansicht, dass ihr zuletzt auch »die Form« folgen werde. Die Abiturprüfung, die Ibsen im April 1850 in Christiania (später als Hauptstadt Norwegens Oslo genannt) ablegte, scheiterte an den Leistungen in Griechisch und Arithmetik, möglichen Nachprüfungen stellte er sich nicht mehr. Seine ersten literarischen Erfolge aber brachten ihm im November 1851 einen Ruf an das norwegische Nationaltheater in Bergen ein, wo er als Theaterdichter und Dramaturg sechs Jahre lang ein bescheidenes Auskommen fand. Sein Vertrag verpflichtete ihn, alle am Theater aufgeführten Stücke einzustudieren und zu inszenieren. Darüber hinaus sollte er für das jährliche Stiftungsfest jeweils ein Stück schreiben. Auf diese Verpflichtung gehen die Stücke *Die Johannisnacht* (1853), *Das Hünengrab* (1854), *Frau Inger auf Östrot* (1855), *Das Fest auf Solhaug* (1856) und *Olaf Liljekrans* (1857) zurück. 1852

Henrik Ibsen
um 1900

gab ihm die Theaterverwaltung ein Reisestipendium und ermöglichte ihm den Besuch europäischer Theaterstädte wie Kopenhagen und Dresden. In Dresden wurde Ibsen mit einer realistisch orientierten Schauspielkunst konfrontiert und lernte das Buch Hermann Hettners *Das moderne Drama* kennen. Unter dem Eindruck von Friedrich Hebbels Drama *Maria Magdalena* hatte Hettner eine Neubestimmung des Dramas vorgenommen. Für ihn ist »der Dichter nicht der Geschichte dienstbar, sondern umgekehrt, die Geschichte wie das ganze Weltall einzig dem Dichter [...]. Das Drama [...] kann nur solche Stoffe wählen, die in innigster Wahlverwandtschaft zu den Stimmungen und Bedürfnissen des gegenwärtigen Zeitbewußtseins stehen. Das historische Drama muß durch und durch aus dem eigensten Herzblut der eigenen Zeit herausdichten und dabei doch den Lokalton des geschichtlichen Helden mit Sicherheit treffen.«[9] Dieses Programm fand in der Folgezeit seinen Niederschlag in Ibsens dramatischem Werk ebenso wie bei den Frühnaturalisten.

Seine Zeit in Bergen hat Ibsen vor allem als Lehrzeit empfunden.

Ab Sommer 1857 übernahm er als künstlerischer Direktor die Leitung des Norwegischen Theaters in Christiania. Sein Jahresgehalt betrug 600 Taler, was ihm 1858 die Heirat mit Susanna Daae Thoresen, der Tochter des Bergener Dompropstes, ermöglichte. Aus dieser Ehe ging 1859 der einzige Sohn Sigurd hervor. Über den Charakter seiner Frau schrieb Ibsen, er sei wie für ihn selbst geschaffen – »unlogisch, doch mit einem starken poetischen Instinkt, einer großzügigen Denkart und einem fast leidenschaftlichen Haß auf alle kleinlichen Rücksichten«[10].

1862 geriet das Norwegische Nationaltheater in so große

finanzielle Schwierigkeiten, dass Ibsen seine Tätigkeit dort einstellen musste. Ab dem 1. Januar 1863 wurde er literarischer Berater am schwedischen Christiania-Theater.

Während seiner Tätigkeit am Christiania-Theater erschienen die *Komödie der Liebe* (1862) und das historische Schauspiel *Kronprätendenten* (1864), ein Stück, das die Auseinandersetzung zweier Königsgestalten im 13. Jahrhundert zum Gegenstand hat. Der wirkliche König Norwegens Håkon Håkonson steht dem angemaßten Jarl Skule gegenüber. Zwar kommt Håkonson aus einer armen Häuslerfamilie, aber sein Adel gibt sich in seinen Handlungen zu erkennen, König wird man nicht durch Herkunft, sondern durch die Tat. In der Auseinandersetzung der beiden Könige kommen die Norweger schlecht weg, sie werden als wankelmütig, unentschlossen und einer starken Hand bedürfend dargestellt. Ibsen erlebte zunehmend heftigere Widerstände, die ihm und seinen Arbeiten entgegengebracht wurden. Man titulierte ihn als »große Unbedeutendheit«, warf ihm Ehrlosigkeit und Eitelkeit vor, diffamierte seine Stücke als »norwegisches Unkraut« und »norwegischen Plunder« und sprach ihm jegliche Genialität ab. Ibsens Anspruch an die eigene Stellung in der norwegischen Gesellschaft entsprach nicht mehr der Realität, und so kündigte er in einem Brief an die norwegische Regierung vom 10. März 1863, in dem es zunächst um die Gewährung eines Reisestipendiums ging, an, dass er die Heimat verlassen werde.

1864 bewilligte ihm das norwegische Parlament das Reisestipendium. Gleichzeitig hatte der damals bereits berühmte norwegische Dichter Bjørnstjerne Bjørnson eine Geldsammlung veranstaltet, die Ibsen eine Reise nach Italien ermöglichte.

> Reisestipendium

Ibsen verließ Christiania und die Heimat für die nächsten 27 Jahre, wenn man von kurzen Besuchen absieht.

Von 1864 bis 1868 lebte er nicht ohne finanzielle Schwierigkeiten und ständige Geldsorgen mit seiner Familie in Rom und in dem kleinen Bergdorf Genzano. Von dort gelang ihm sein literarischer Durchbruch mit *Brand*, einem Drama, das, 1865 abgeschlossen, auf Empfehlung Bjørnsons in dem angesehenen Verlag von Frederik Hegel in Kopenhagen erschien und innerhalb eines Jahres vier Auflagen erlebte. Von nun an gewährte ihm das norwegische Parlament eine jährliche Dichtergage.

> Italien war für Ibsens Schaffen ein wichtiger Lebensabschnitt, in dem neben *Brand* das Mythen- und Märchenspiel *Peer Gynt* erschien und er sich mit dem Stoff zu *Kaiser und Galiläer* zu beschäftigen begann.

Ab Herbst 1868 verlegte Ibsen seinen Wohnsitz nach Deutschland. Nach einem kurzen Aufenthalt in München nahm er Wohnung in Dresden, für Ibsen der Ort des Ausgleichs zwischen Italien und Norwegen. Deutschland war weit genug von Italien entfernt, um der norwegischen Heimat nahe zu sein, aber auch weit genug von Norwegen, um der Heimat nicht zu nahe zu kommen.

| Dresden |

Mit der Wahl Dresdens setzte Ibsen ein Zeichen gegen das ungeliebte Preußen. Mit dessen Angriff auf Dänemark 1864 (eine Lösung der schleswig-holsteinischen Frage stand an und wurde mit dem Sieg über Dänemark bei den Düppeler Schanzen erreicht), war Ibsens politische Lieblingsvorstellung von einem großen geeinten Skandinavien (bekannt unter dem Stichwort ›Skandinavismus‹) endgültig gescheitert. Der preußische Angriff auf Dänemark hatte weder die Schweden noch die Norweger zu politischer oder militärischer Unterstützung Dänemarks bewegt. In einem Brief an Bjørnson vom 16. September 1864 formulierte er: »Die politischen Verhältnisse in der Heimat haben mich sehr betrübt und mir manchen Genuß verbittert. Lügen und Träume – das war also alles. Auf mich werden jedenfalls die Ereignisse der letzten Zeiten einen großen Einfluß üben. Durch unsere alte Geschichte müssen wir nun einen Strich machen: denn die Norweger von heute haben offenbar mit ihrer Vorzeit nicht mehr zu schaffen als die griechischen Piraten mit dem Geschlecht, das nach Troja segelte und von den Göttern geschirmt wurde.«[11]

Zwischen 1848 und 1871 (dem Datum der Reichsgründung unter preußischer Führung) hatten sich die Beziehungen zwischen Deutschland und den skandinavischen Staaten so abgekühlt, dass eine geistige und kulturelle Entfremdung einsetzte, die andererseits nach 1871 – im Bewusstsein des neuen Staatsgebildes – zu besonders nachdrücklichem Interesse für Skandinavien führte, spürte man doch die Lücken im Wissen um den Nachbarn. Das war eine der Voraussetzungen für die nachhaltige Wirkung Ibsens in Deutschland. Andererseits gewann durch die Niederlage Dänemarks und den Zusammenbruch der skandinavischen Idee eine kritische Sicht auf das europäische Festland, insbesondere auf Deutschland, in den skandinavischen Ländern weiterhin die Oberhand. Man verhielt sich ausgesprochen reserviert gegen die deutsche Politik, der es vor allem auf Sicherung ihrer Staatlichkeit und territorialen Zugewinn angekommen war. Mit Interesse verfolgte Ibsen nach der Reichsgründung 1871 zwar den Prozess der Zusammenführung verschiedener Staaten – wie den Norddeutschen Bund, die süddeutschen Staaten – zu einem einheitlichen Staatsgebilde. Ibsen sah darin eine neue Qualität der Einheit für seine Vorstellungen von einem Großskandinavien umgesetzt. Aber das deutsche Reich Bismarcks lehnte er in der vorhandenen Form ab. Zu deutlich trat ihm die Machtpolitik hervor, die er als Kunstfeindlichkeit empfand. Mit seinem 1873 erschienenen Drama *Kaiser und Galiläer,* in dem Ibsen ein Konzept utopischer Machtlosigkeit entwickelte, dem Dualismus von Macht, Staat und Krieg einerseits und Kunst, Individuum und Menschentum andererseits, erreichte Ibsen einen Höhepunkt seines Schaffens.[12] Danach wurde die Kritik Ibsens an der bürgerlichen Gesellschaft zum bestimmenden Thema für sein weiteres Werk. Die zunächst messianische Vorstellung, als Dichter eine neue Zeit zu fördern, änderte sich grundlegend. »War nicht eine neue Zeit zu gewinnen, mußte die vorhandene rücksichtslos analysiert«[13] und schonungslos kritisiert werden. Das Stück *Die Stützen der Gesellschaft* machte 1877 den Anfang. Mit ihm veränderte sich Ibsens Stellung insofern radikal, als er von nun an intensiven und lange anhaltenden Einfluss auf die literarische Entwicklung in Deutschland gewann.

> Kritik an der Gesellschaft als bestimmendes Thema des Werks

1875 hatte Ibsen mit seiner Familie Dresden verlassen und war nach München umgezogen. Im Hoftheater München gab es am 10. April 1876 die erste Aufführung eines Ibsen-Stückes außerhalb Skandinaviens. Allerdings waren schon 1872 erste deutsche Übersetzungen erschienen (*Brand, Die Kronprätendenten* und *Der Bund der Jugend*). *Die Stützen der Gesellschaft* wurden gleichzeitig an fünf Berliner Bühnen gespielt. Mit der Hinwendung zum Gegenwartsstoff begann sein tri-

> München und der Durchbruch auf der deutschen Bühne

umphaler Erfolg, er zog die Aufmerksamkeit des deutschen Theaterpublikums auf sich und wurde zum bekannten und anerkannten Dichter, dessen Gesellschaftsstücke die jungen Dichter des beginnenden Naturalismus in der Folgezeit enthusiastisch annahmen. In seinen gesellschaftskritischen Werken fanden sie, ästhetisch überformt, ihr eigenes Programm wieder.

1877 erhielt Ibsen in Uppsala die Ehrendoktorwürde.

1878, sein Sohn hatte in München die Reifeprüfung abgelegt, übersiedelte Ibsen erneut nach Rom. In diese Zeit fiel die Fertigstellung seines Stücks *Ein Puppenheim*, das am 21. Dezember am Stockholmer Königlichen Theater uraufgeführt wurde. Im Winter war Ibsen wieder in München, den Sommer verbrachte er in Berchtesgaden, und ab Herbst lebte er wieder in Rom, wo er bis 1885 blieb. In Italien suchte Ibsen Anschluss an skandinavische Kreise, die Beziehungen zu Deutschland brachen fast gänzlich ab.

Von 1880 bis 1899 erschienen viele erfolgreiche Stücke Ibsens wie *Gespenster* (1881), *Ein Volksfeind* (1882), *Die Wildente* (1884), *Rosmersholm* (1886), *Hedda Gabler* (1890), *Baumeister Solness* (1892), *Klein Eyolf* (1894), *John Gabriel Borkman* (1896), *Wenn wir Toten erwachen. Ein dramatischer Epilog* (1899). Von nun an stand die Frage nach der Wahrheit im Zentrum seines Werks. »Ein grundsätzlicher Widerspruch der bürgerlichen Gesellschaft wurde deutlich: Der Kampf für die Wahrheit und der Kampf gegen die Wahrheit führten die Helden zu dem gleichen Ergebnis, zur Niederlage der Kämpfenden.«[14] Rüdiger Bernhard sieht neben dieser ersten Gruppe eine zweite, die sich zur ersten gegensätzlich verhält. »Stücke, in denen die Lebenslüge den Sieg davon-

> Erfolgreiche Theaterstücke

trug. Die sich gegen diesen Sieg auflehnten, gingen in den Tod. Die ihn akzeptierten, verkümmerten. Auf diese lapidare Formel läßt sich das Spätwerk bringen«, führt er aus.[15]

Seit 1891 näherte sich Ibsen wieder seiner norwegischen Heimat an. Er verließ München, um eine Kreuzfahrt entlang der norwegischen Küste bis zum Nordkap zu machen. Bei seiner Rückkehr blieb er in Christiania und nahm sich im Oktober eine Wohnung auf der Victoria-Terrasse im Zentrum der Stadt. 1892 heiratete sein Sohn Bergliot Bjørnson, Tochter seines berühmten Dichterkollegen. Damit wurde eine Freundschaft neu begründet, die zu Beginn der Karriere Ibsens groß und hilfreich gewesen war, die aber im Verlauf der Zeit durch unterschiedliche politische und künstlerische Auffassungen gelitten hatte. 1895 zog Ibsen noch einmal innerhalb Christianias um. Er hoffte, dass ihm seine Frau in diese Wohnung nachfolgen würde, aber ein Gichtleiden hinderte sie daran, ihren Aufenthalt im warmen Süden aufzugeben. Zu seinem 70. Geburtstag erfuhr Ibsen in den skandinavischen Hauptstädten glanzvolle Feiern, Umzüge und Ehrungen. Die deutsche Gesamtausgabe erschien im S. Fischer-Verlag in Berlin. Seit März 1900 war Ibsen schwer erkrankt und seine Arbeitsfähigkeit von da an gebrochen. Er starb am 23. Mai 1906 in Christiania und wurde in einem ehrenvollen Staatsbegräbnis beigesetzt.

Rückkehr nach Norwegen

Zum Schluss sei noch kurz auf einige ausgewählte Werke verwiesen. Aus Ibsens mittlerer Schaffensphase stammt das Mythen- und Märchenspiel *Peer Gynt* (1867), ein Versdrama in fünf Akten, das sich wegen seiner Modernität literaturgeschichtlich zutreffender Einordnung entzieht. Dennoch hat man es auf Grund der Vermischung von phantastischen und realen

Peer Gynt (1867)

Elementen der skandinavischen Romantik zugerechnet. Da man zunächst in Peer Gynt die Spiegelung norwegischer Engstirnigkeit, Eigenliebe und Selbstzufriedenheit sah, fand es wenig Gegenliebe. Es dauerte lange Zeit, bis die in die Zukunft weisende Kunst des Dramas erkannt und herausgearbeitet wurde. Das mit Mythen- und Märchenelementen befrachtete Kunstwerk enthält viele Elemente, die weit über die Zeit Ibsens hinausweisen, und in denen man bereits den Symbolismus, Expressionismus, Surrealismus, epische und absurde Theateransätze und tiefenpsychologische Verfahren vorweggenommen sah. Als Typus ist Peer Gynt dem negativen Helden zuzurechnen, Phantast und Schurke, dessen Wohl und Wehe sich in erotischer Abhängigkeit von Frauengestalten wie seiner Mutter Aase, der Bauerntochter Ingrid, des Häuslermädchens Solveijg, den drei Sennerinnen und anderen Abenteuerinnen erfüllt. Das Stück interessiert heute vor allem durch die szenischen Zukunftsvisionen, die durchaus Parallelen zu moderner Filmkunst zulassen. Bekannt geworden ist Peer Gynt auch durch die von Edvard Grieg geschriebene Bühnenmusik.

In den *Gespenstern* (1881) zeichnet Ibsen Frau Helene Alvings Weg zu der Erkenntnis, dass ihre »Ideale« und »Pflichten« nur dem Mangel an Mut entsprungen sind, sich der Wahrheit zu stellen und sich zu ihr zu bekennen. Sie hat ein Leben lang auf Anraten von Pastor Manders, der selbst Feigheit, Dummheit und Selbstverlogenheit repräsentiert, an der Seite eines Wüstlings, des wohlhabenden Kammerherrn Alving, ausgeharrt, dessen außereheliche Tochter Regine in ihr Haus genommen, ihren auf Grund des wüsten väterlichen Lebens von Krankheit gezeichneten Sohn Osvald in ein Internat verbannt und vom Geld ihres Mannes ein Asyl er-

> Gespenster *(1881)*

richten lassen, das über dessen Tod hinaus sein Ansehen ehren soll. Doch am Tag der Asyleinweihung bricht das Lügengespinst zusammen. In den *Gespenstern* geißelt Ibsen Heuchelei und doppelte Moral. Er scheute sich nicht vor Tabuthemen wie Inzest und brachte, wie die Kritik zeigt, nicht nur das Kleinbürgertum, sondern auch liberale Geister gegen sich auf. Die *Vossische Zeitung* schrieb zu dem Stück am 10. Januar 1887: Ein Kunstwerk sollte »Genuß, Freude, Erhebung bereiten und nicht breites Entsetzen, Qual und was noch schlimmer ist, hoffnungslose Verzweiflung«, und der damals bekannte Autor Paul Heyse konstatierte: »Solche Bücher schreibt man nicht.«

1884 vollendete Ibsen sein fünfaktiges Schauspiel *Die Wildente*, das seit seiner Uraufführung in Bergen (1885) auf allen großen europäischen Bühnen gespielt und mehrfach verfilmt wurde. In diesem in Deutschland entstandenen Gesellschaftsstück findet Ibsen zu seinem typischen Spätstil des analytischen Verfahrens. Auffällig ist der Prozess der Symbolisierung, der sich in der »Jagd« kristallisiert, die sich zwischen vertrockneten Bäumen und allerhand zahmem Getier auf dem Dachboden des Hauses der Familie Ekdal ereignet. Der Dachboden als Jagdrevier zeigt die Abwendung von allem Echten und Natürlichen und ist wie die Wildente, der geliebte Vogel der kleinen Hedvig, Symbol für die Lebenslüge der Ekdal'schen Familie, der Gregers Werle, einstiger Freund der Familie, auf den Grund kommen möchte. Er vermutet im alten Werle den Vater der kleinen Hedvig, weil er das Kind der Ekdals unterstützt. Mit seiner vermeintlichen Aufklärung der Vergangenheit erreicht er aber keine Umkehr im Sinne positiver Veränderung, sondern nur Gekränktheit und schließlich durch unglückliche,

> Die Wildente
> (1884)

zufällige Verknüpfungen und Missverständnisse den Selbstmord der kindlichen Hedvig, mit dem sie ihre Liebe zum Vater beweisen will. Das Kind ist am Ende das Opfer der menschenverachtenden »Jagd« Greger Werles nach der Wahrheit. Ibsen vereinigt in der *Wildente* alle Kategorien von Schein und Sein, von Künstlichkeit und Natur. Theodor Fontane äußerte in einer Berliner Theaterkritik: […] »was hier gepredigt wird ist echt und wahr […], und in dieser Echtheit und Wahrheit der Predigt liegt ihre geradezu hinreißende Gewalt.«[16]

8. Rezeption

Nach der Uraufführung von *Ein Puppenheim* im Dezember 1879 am Königlichen Theater in Kopenhagen beschäftigten sich die Kritiken zunächst weniger mit der Handlung des Stücks und ihrer Motivierung, auch nicht mit den ästhetischen Neuheiten, sondern diskutierten die Eindrücke, die die Bühnendarstellung hinterlassen hatte. Auffällig war, dass Helmer, Noras Ehemann, als sympathische Figur galt, während Nora selbst als kindlich arglose Gesetzesbrecherin und als eine Person gesehen wurde, die ihrem Mann durch ihr Handeln Schaden, nichts als Schaden zugefügt habe.[17] Empörend und unglaubwürdig wurde das Verlassen von Ehemann und Kindern bezeichnet, denn keine Mutter unter Tausenden von Ehefrauen würde sich wie Nora benehmen.[18] Vor allem die Erwartungen Noras, die ihrem Mann doch alle Schuld aufbürde, wurde in der Zeitung *Berlinske Tidende* (22.12.1879) streng gerügt. Ihre Gefühle für Helmer und die Kinder machten es notwendig, dass sie zu ihrem Mann und den Kindern zurückkehre. Auffällig positiv wurde Helmer auch im *Dags-Telegrafen* herausgestellt, indem er als »feine, im Beruf energische, rechtschaffene, im Hause glückliche und angenehme Persönlichkeit« angesehen wurde, dessen größter Fehler es gewesen sei, dass er sich »ein leichtfertiges, kleines Mädchen zur Frau gewählt« habe. Nur Edvard Brandes, ein unerschütterlicher Verteidiger des modernen Dramas, sah in Helmer einen »intellektuellen Aristokraten ohne Verstand, anmaßend konservativ, teils aus Überzeugung, teils aus Pragmatis-

> Nora *und die Kritiker*

mus, mittelmäßig, doch im Besitz aller Meinungen guter Gesellschaft«[19].

Die Aufnahme in Deutschland war nach der Übersetzung und den ersten Aufführungen vor dem Hintergrund des offenen Schlusses beim Theaterpublikum und bei den Kritikern überwiegend ablehnend, was Brandes damit erklärte, dass das Publikum »etwas schneidend Wahres« nicht von der Bühne hören wollte.

Damals bekannte deutsche Schriftsteller meldeten sich zu Wort. Friedrich Spielhagen als Redakteur und Herausgeber der Schrift *Westermanns Illustrierte deutsche Monatshefte* schrieb über Henrik Ibsens *Nora*, und Ludwig Anzengruber fand durch *Nora* sein eigenes Schaffen bestätigt, hatte er doch mit seinem Schauspiel *Elfriede* (1872) ein Stück auf die Bühne gebracht, in dem die Frau die Entfremdung von ihrem Mann und die Kommerzialisierung ihrer intimsten Bindungen erkennt und im Streit der Eheleute die Familie innerlich zerbricht. Die »Pflicht« hält Elfriede allerdings äußerlich an der Seite ihres Mannes fest. Eine solche Haltung der Frau schien Anzengruber moralischer, sodass er Noras Loslösung von der Familie entschieden ablehnte.[20] Die offizielle Presse reagierte ohnehin durchweg negativ auf das Stück.

Für den Erfolgsdramatiker Paul Lindau war Ibsens *Nora* in sittlicher Beziehung ein sehr bedenkliches Stück. »Hier werden Gefühle und Gesinnungen ausgesprochen, die durchaus ungesund, und die, wie ich fürchte, wie dazu gemacht sind, in das Fleisch und Blut ungesunder weiblicher Organismen überzugehen und das Arsenal der ›Verkannten‹ um Prachtstücke ersten Ranges zu bereichern. Zu einer Nora bringt jede phrasenhafte und oberflächliche Frau das nötige Zeug mit [...].«[21] Zustimmend reagierte der

Schriftsteller Max Bernstein, dessen Frau Elsa in den neunziger Jahren eine bekannte Dramatikerin war und sich nach Ibsens Stück *Rosmersholm* das Pseudonym Ernst Rosmer zulegte. Für Bernstein waren Ibsens Stücke Werke höchster Kunstbegabung. Nora geht für ihn »keine feige Versöhnung mit der Lüge ein. Ein Mensch zu werden, ein ganzer, großer, starker, tatfroher Mensch – das ist das erste heiligste Gebot! Und die Kraft dieses Gebotes: Alles verlassen, hinaus in die Ferne, in die Fremde, in das Leben, in den Kampf, und, wenn es sein muß, in das Elend!«, so feiert er den Weggang Noras von Mann und Kindern.[22]

Dagegen äußerte Ernst Wichert, hoher Justizbeamter und erfolgreicher Dramatiker: »Ich will's niemand verdenken, wenn er den Kopf schüttelt und ruft: Welch wüstes Zeug!«[23], und Karl Frenzel, bedeutender Theaterkritiker und geistreicher Essayist, glaubte, dass mit diesem Stück bürgerliche Rechtlichkeit und das festgeschriebene moralische Gefüge der Gesellschaft angegriffen werde. Es sei eine »Torheit, das Gesetz in Frage stellen zu wollen«[24]. Paul Schlenther, Theaterkritiker am Wiener Burgtheater, warnte davor, den Schluss wörtlich zu nehmen. »Die Nora der Schlußszene darf nicht als Sprachrohr des Dichters erscheinen. Sie ist ein Wesen für sich, dessen Gewissen geweckt wird durch die plötzliche Einsicht in eigene Schwachheit. Nora ist kein Typus mehr. Zahllose Frauen machen in der Ehe früher oder später Noras Erfahrung, aber sie folgen nicht Noras Beispiel. Sie halten aus und halten Haus dem ›fremden Mann‹.«[25] Es ist nicht zu übersehen, dass der Schluss des Dramas eine Kröte darstellte, die kaum jemand schlucken wollte. Nora stellte offensichtlich eine Gefahr für die bürgerliche Durchschnittsehe dar. Deshalb musste ein Trennstrich gezogen werden zwischen Kunst auf der einen und Leben auf der anderen Seite. Der expressionistische Dichter Ernst Stadler sah in Nora – durchaus anerkennend – die Frau, die, das Gefängnis der modernen Ehe zerbrechend, ihre individuelle Freiheit behauptete,²⁶ und Kurt Tucholsky verfasste unter dem Titel *Wenn Ibsen wiederkäme …* 1913 eine Glosse zur deutschen Kulturgegenwart, in der er das fehlende Engagement des zeitgenössischen Publikums an die Kunst geißelt: »Nehmen wir an, so ein Stück wie die *Nora* käme herunter zu uns. […] Zeitgemäßer. Mit irgend einer Frage, die uns bewegt, die über Rücksichten, Kontobücher, Prinzipien hinweggeht […]. Denken wir an den Zusammenstoß des Einzelnen mit dem Portemonnaie der Gesamtheit. Oder an die böse Geschichte mit der Kindesliebe, die zu fordern niemand berechtigt ist … Was würde geschehen? […] Was würden die ›Leute‹ sagen? Pfeifen würden sie. Wir sind zurückgegangen. Früher wehte ein kräftiger Wind, und wenn einer kämpfen wollte, so wurde ihm das nur vom Gegner übel genommen. Heute? ›Ach, gehen Sie mir damit …‹ […] Und wir fragen vergebens, für wen dieser Riese [gemeint ist Ibsen] gearbeitet hat […]. Dafür?«²⁷

> Die künstlerische Rezeption

Eine ausführliche literaturwissenschaftliche Rezeption hat vor allem in den skandinavischen Ländern stattgefunden. Allgemein gab die Figur Nora Helmer häufig den Anstoß zu einer intensiveren Auseinandersetzung mit den Rechten der Frau im bürgerlichen Alltag.

Wenngleich Ibsen selbst ausdrücklich den allgemein humanen Charakter seines künstlerischen Anliegens betonte und anlässlich einer Ehrung zu seinem 70. Geburtstag durch den norwegischen »Verein für die Sache der Frau« erklärte: »Ich danke für das Hoch, muß jedoch die Ehre ablehnen, mit Bewußtsein für die Sache der Frau gewirkt zu haben. Ich bin mir nicht einmal klar darüber, was die Sache der Frau wirklich ist. Mir hat sie sich als die des Menschen dargestellt. Und wenn man meine Bücher aufmerksam liest, wird man das verstehen. Es ist wohl wünschenswert, die Frauenfrage zu lösen, so nebenher. Aber das war nicht der hauptsächliche Zweck. Meine Aufgabe ist die Menschenschilderung gewesen.«[28] Dennoch ist nicht zu leugnen, dass Ibsen sich für die Rechte der Frau interessiert und eingesetzt hat, so in Rom, als er – zwar vergebens – für die Aufnahme von Frauen in den Skandinavischen Verein plädierte. Wie sehr Nora als Modell für emanzipiertes Verhalten galt, zeigt die zeitgenössische Adaption bei anderen Künstlern, die auch in der modernen Literatur noch anhält.[29] Zum Beispiel Richard Voß' (1851–1918) Stück *Alexandra*, in dem die Titelfigur die Berechtigung ihrer Liebe zu einem genialen Künstler am bestehenden Recht und Gesetz prüfen will, von ihrem Geliebten Zurückweisung erfährt und Selbstmord begeht. Oder in Felix Philippis *Veritas* und Ludwig Fuldas *Sklavin* (1893), beides *Nora*-Adaptionen. Gerade die Generation der Naturalisten bediente sich dramaturgischer Elemente, die von Ibsen entwickelt und beeinflusst waren. Paul Lindaus *Die Sonne* (1891) zitierte Ibsens *Puppenheim*, Ernst von Wildenbruch bot mit *Die Haubenlerche* 1890 eine *Nora*-Variation, und in Max Nordaus *Das Recht zu lieben* (1893) stand Noras Schicksal wiederum zur Diskussion. Aber Ibsen und die Ibsen-Anhänger wurden um die Jahrhundertwende heftig angegriffen, auch verdrängte Strindberg Ibsen zum Teil.

Fest aber steht, dass Nora als Prestigerolle auf dem Theater galt. Sie war eine der begehrtesten Frauenrollen, berühmte Schauspielerinnen, wie Eleonora Duse, erspielten sich mit ihr Weltruhm. »Die Rezeption als Emanzipationsstück hat auf die Dauer den dichterischen und menschlichen Gehalt, auf den es Ibsen in erster Linie ankam, nicht verdeckt.«[30]

> Moderne Rezeption

Ibsens *Nora* wird weiterhin auf deutschen Bühnen gespielt. Unter der Regie von Leander Haußmann erfolgte im Mai 1991 eine Neuinszenierung am Nationaltheater in Weimar. Haußmann verändert Ibsens Handlung recht unbekümmert. Seine Nora kommt aus dem Puppenheim nicht heraus. Nach dramatischem Kampf mit Helmer, der sie am Weggehen hindern will, erschießt er sie. In der Haußmann'schen Inszenierung stemmt Nora sich gegen das drohende Unheil. Sie ist Helmer gefügig, der, angetrunken und im Kostüm eines Toreros, so lange großzügig über Krogstads Brief hinwegsehen kann, bis er ihn schließlich liest und das Unheil seinen Lauf nimmt. 2003 inszenierte Stephan Kimmig am Hamburger Thalia Theater Ibsens *Nora* neu. »Sehr ruhig und langsam wird zu flirrenden, leisen Klängen die Spannung um das drohende Zusammenbrechen der idyllischen Illusion vom Eheglück aufgebaut. Die klaren Linien der wenig anheimelnden Wohnung bilden den cleanen Saubermannhintergrund für die Bilderbuchfamilie. Doch die unerklärliche Linoleum-Welle im Fußboden verrät, dass hier einiges im Untergrund verborgen ist und hochkommen wird.«[31] Krogstad deckt das Geheimnis auf, während Nora abwartend die Reaktion ihres Mannes beobachtet. Sie erkennt sehr wohl sein wahres Gesicht und genießt ihren Entschluss, ihn zu verlassen, solange er seine Fassung verloren hat. Doch als er sich resignierend entschließt, ins Bett zu gehen, schwindet ihre Entschlossenheit. Sie verlässt das Haus durch die Terrassentür in den Garten. Am Ende bekennt sie sich zur materiellen Absicherung gegen eine unsichere Zukunft.

- 1923 gab es die erste deutsche Verfilmung unter der Regie von Berthold Viertel. Es folgte eine weitere 1944 von Harald Braun. Der Ex-Dramaturg war bekannt wegen seiner treffenden Adaptionen literarischer Werke. Rainer Werner Fassbinder (1946–1982) führte Regie in dem 1974 entstandenen Fernsehfilm *Nora Helmer*.[32]

> Verfilmungen

- Eine Reihe literaturwissenschaftlicher Deutungen bearbeitet Teilaspekte des Dramas. So das Rollenengagement Noras, den Tarantella-Tanz oder auch die schuldhafte Entlarvung des Torvald Helmer. Nora, der man laut Elfriede Jelinek »nur den Körper gestattet und den Kopf abschlägt«, wird zum Modell der Frau, die nicht spricht. Die Deutung von Hans Hiebel trägt in Anlehnung an Elfriede Jelinek den Titel »Die Frau ist das, was nicht spricht. Nora oder ein Puppenheim.« Hier liegt eine lesenswerte Analyse mit neuer Sicht vor.[33] Hiebel sieht in Nora zunächst die Puppe und das Kind, geprägt auf männliche Abhängigkeit und zum Weibchen erniedrigt. Erst als Nora ihre »weibliche Hilflosigkeit« hinter sich lässt, und das geschieht mit dem Bekenntnis zu ihrer Unterschriftsfälschung als »männlicher« (selbstständiger) Tat, erkennt sie sich selbst an und emanzipiert sich. Nora hat eine Sprache gefunden. Noras »Protest gegen die Imago von der ›weiblichen Hilflosigkeit‹« macht aus dem Kind eine Erwachsene, aus dem minderwertigen weiblichen Weib eine weiblich-männliche Frau. Allerdings kommt diese Wandlung für Nora so unvorbereitet plötzlich wie ein utopisches Ende. An dieser Stelle zeigt sich Hiebels Affinität zu Elfriede Jelinek. Sie lässt Nora, nachdem sie Helmer verlassen hat, eine Stelle als Arbeiterin in einer Fabrik annehmen. Dort versucht sie zunächst, die anderen Arbeiterinnen davon zu überzeugen, dass Arbeit ein großes Maß an persönlicher Freiheit ermöglicht. Die Arbeiterinnen wollen sich aber nicht überzeugen lassen. Sie kennen die Mühsal doppelter Belastung von Gelderwerb und Familie. Gern hätten sie sich von Männern verwöhnen und hätscheln lassen. Auch Nora ergreift schließlich die Gelegenheit, sich wieder an einen reichen Mann zu binden. Der aber macht sie zum Objekt seiner abnormen sexuellen Begierden und leiht sie für wirtschaftlichen Profit und geschäftliche Vorteile an andere Männer aus. Nora ist zum Lockvogel geworden. Zum Ausspionieren gewinnbringender Aktiengeschäfte wird sie skrupellos an ihren Ehemann Helmer weitergereicht, der weder erotisch noch wirtschaftlich der Saubermann ist, für den er sich ausgegeben hat. Weil Nora ihm wichtige Geschäftsinformationen entlockt und diese weitergibt, ruiniert sie ihn. Als sie erkennt, welche Rolle der Frau in der Männerwelt zukommt, kehrt sie zu ihm zurück und verdrängt Christine Linde, die sich während ihrer Abwesenheit, in sexueller Abhängigkeit von Helmer, um die Kinder gekümmert hat.[34] Die Linde hinwiederum wird an Krogstad gegen geschäftliche Vorteile weitergereicht.

Elfriede Jelinek beschreibt eine Welt, in der der Frau nur die Rolle zukommt, die Männer ihr zugestehen. Eine eigenständige, emanzipierte Lebensplanung ist nicht vorgesehen. Die einzig realistische Schlussfolgerung daraus für eine unabhängige gesellschaftliche Stellung der Frau kann daher nur lauten: Weil sich eigenständiges Denken und Tun nur über absolute Unabhängigkeit erreichen lässt, ist das Erlernen und die Ausübung eines Berufs die einzige Möglichkeit für die Frau, frei zu handeln und eigenständige Entscheidungen zu treffen. Wer sich dieser Möglichkeit begibt, verzichtet auf die Emanzipation von männlicher Abhängigkeit und läuft Gefahr, zum Objekt erniedrigt zu werden.

9. Checkliste

1. Stellen Sie dar, welche Konsequenzen die Änderung des Titels von ursprünglich *Ein Puppenheim* auf *Nora* durch den deutschen Übersetzer von Wilhelm Lange nach sich zog.
2. Gehen Sie auf die Haltung Ibsens zu dieser Veränderung ein und geben Sie Gründe dafür an, warum Ibsen sich schließlich selbst zu einem versöhnlichen Schluss durchrang.
3. Stellen Sie Überlegungen darüber an, inwieweit, trotz der weitgehend erreichten Gleichstellung von Mann und Frau, das Stück noch aktuell ist. Legen Sie dar, wie Ibsen sich zu der Auffassung geäußert hat, er habe sich für die Frauenemanzipation eingesetzt.
4. Versuchen Sie eine Inhaltsangabe in der Form eines *Précis*, einer gedrängten Zusammenfassung.
5. Stellen Sie die handelnden Personen in Form von Personengruppen zusammen und begründen Sie Ihre Zusammenstellung. Unterscheiden Sie die Haupt- von den Nebenpersonen.
6. Charakterisieren Sie die einzelnen Personen. Begründen Sie, welche Personen keiner Charakterisierung bedürfen.
7. Erläutern Sie die Funktion der Person Christine Linde. Vergleichen Sie unter dem Aspekt der allmählichen Enthüllung der Vergangenheit die drei Akte miteinander.
8. Suchen Sie ausführliche Bühnenbildanweisungen im Text auf. Begründen Sie die Funktion der exakten Bühnenbildanweisungen. Führen Sie beispielhaft aus, was die Einrichtung der Wohnung über ihre Bewohner aussagt.
9. Stellen Sie Symbolzeichen (z.B. Weihnachtsfest, Weihnachtsbaum, Tarantellakostüm) des Stücks zusammen

und diskutieren Sie ihre Aussagekraft in Bezug auf die handelnden Personen.
10. Überlegen Sie, welche Bedeutung der Figur Ranks im Verlauf der Handlung beizumessen ist. Gehen Sie dabei auch auf seine angeblich durch den Lebenswandel des Vaters verursachte Krankheit ein.
11. Sprechen Sie über das Verhältnis Ranks zu Nora.
12. Legen Sie die Rolle Noras innerhalb der ersten beiden Akte dar. Machen Sie sich dabei Gedanken über ihre Akzeptanz der ihr von Helmer angetragenen Rolle.
13. Stellen Sie im Vergleich zum Vorangegangenen das Verhalten Noras im dritten Akt dar. Sprechen Sie über die Glaubwürdigkeit der Verhaltensänderung Noras. Legen Sie dar, warum sich zeitgenössische Kritiker und Regisseure mit dieser Verhaltensänderung nicht anfreunden konnten.
14. Sprechen Sie über die Motive Noras, entgegen der Einstellung ihres Mannes Geld zu borgen und die Unterschrift zu fälschen. Überprüfen Sie die Stichhaltigkeit ihrer Motive vor dem Gesetz unter Berücksichtigung der vergleichbaren Situation Krogstads.
15. Äußern Sie sich zu dem von Nora verwendeten Begriff des »Wunderbaren« als Verweis auf ihre Erwartungen an ihren Ehemann Torvald Helmer.
16. Vergleichen Sie in diesem Zusammenhang Helmer und Krogstad und beurteilen Sie ihr Verhalten in Bezug auf Nora.
17. Vergleichen Sie Nora, Helmer und Christine Linde und stellen sie unter dem Aspekt ihrer Herkunft entscheidende Unterschiede heraus.
18. Geben Sie eine Begriffsdefinition des »analytischen Dramas«.

19. Stellen Sie Beobachtungen über die von Ibsen verwendete Sprache zusammen. Wie ersetzt Ibsen beispielsweise die bis dahin verbreitete Monologstruktur? Beachten Sie in diesem Zusammenhang die Gebärdensprache und die Funktion von Haltung und Mimik.
20. Erklären Sie den Rückgriff auf den wirklichen Fall Laura Kieler. Stellen Sie die von Ibsen vorgenommenen Veränderungen dar und diskutieren sie in diesem Zusammenhang den Begriff der dramatischen Fiktion.
21. Stellen Sie wichtige persönliche Kindheitserfahrungen Ibsens zusammen.
22. Legen Sie die geschichtliche Situation in Skandinavien zur Zeit Ibsens dar und stellen Sie einen Zusammenhang her zu seiner selbstgewählten Emigration nach Deutschland und Italien.
23. Stellen Sie in diesem Zusammenhang die Bedeutung seines Dichterkollegen Bjørnson für Ibsen heraus.
24. Nennen Sie Dramen Ibsens, die auf der Bühne großen Erfolg gehabt haben.
25. Stellen Sie positive und negative Aspekte der zeitgenössischen Kritik Ibsens heraus.
26. Nennen Sie Beispiele für die zeitgenössische künstlerische Rezeption der *Nora*.
27. Nennen Sie Teilaspekte, die in der literaturwissenschaftlichen Rezeption von *Nora* Beachtung gefunden haben.
28. Stellen Sie auffällige Veränderungen bei Theateraufführungen von *Nora* heraus, wie sie von modernen Regisseuren vorgenommen worden sind, und überlegen Sie, wie sich die Gesamtaussage des Stücks dadurch verändert. Denken Sie in diesem Zusammenhang über das dargestellte Frauenbild nach.

10. Lektüretipps

Textausgaben

Henrik Ibsen: Ein Puppenheim. In: H. I.: Sämtliche Werke in deutscher Sprache. Hrsg. von Georg Brandes, Julius Elias und Paul Schlenther. 10 Bde. Berlin: s. Fischer, 1898–1904. Bd. 6. 1900. S. 273–375.
Henrik Ibsen: Nora (Ein Puppenheim). Stuttgart: Reclam, 1988. (UB. 1257.) – *Nach dieser Ausgabe wird zitiert.*

Erläuterungen und Dokumente

Kehl, Aldo: Erläuterungen und Dokumente: Henrik Ibsen: *Nora (Ein Puppenheim)*. Stuttgart 1990. (Reclams UB. 8185.) – *Mit weiteren Informationen und ausführlichen Worterklärungen.*

Zum Nachschlagen von Sachbegriffen

Reallexikon der deutschen Literaturgeschichte. Begr. von Paul Merker und Wolfgang Stammler. Berlin [u. a.] ²1958–1988.
Wilpert, Gero von: Sachwörterbuch der Literatur, 8., verb. und erw. Aufl. Stuttgart 2001.

Zur Einführung in die Gattung

Bien, Horst: Henrik Ibsens Realismus. Zur Genesis und Methode des klassischen kritisch-realistischen Dramas. Berlin 1970.
Sträßner, Mathias: Analytisches Drama. München 1980.

Szondi, Peter: Theorie des modernen Dramas. Frankfurt a. M. ⁴1969. Kap. II: Die Krise des Dramas, Ibsen. S. 21–40.

Zur literaturwissenschaftlichen Interpretation von *Nora (Ein Puppenheim)*

Haakonsen, Daniel: Das Tarantella-Motiv in *Ein Puppenheim (Nora)*. In: Wege der Forschung. Henrik Ibsen. Hrsg. von Fritz Paul. Darmstadt 1977. S. 197–211.

Hiebel, Hans H.: Die Frau ist das, was nicht spricht. *Nora oder ein Puppenheim* (1879). In: H. H. H.: Henrik Ibsens psycho-analytische Dramen: Die Wiederkehr der Vergangenheit. München 1990. S. 89–104.

Høst, Else: *Nora*. In: Wege der Forschung. Henrik Ibsen. Hrsg. von Fritz Paul. Darmstadt 1977. S. 180–196.

Meyer, Hans Georg: *Nora oder ein Puppenheim*. In: H. G. M.: Henrik Ibsen. Hannover 1967. S. 47– 53.

Rieger, Gerd Enno: Noras Rollenengagement. In: Orbis Litterarum 32 (1977) S. 50–73.

Zu Henrik Ibsen

Bernhardt, Rüdiger: Henrik Ibsen und die Deutschen. Berlin 1989.

Rieger, Gerd Enno: Henrik Ibsen mit Selbstzeugnissen und Bilddokumenten. Reinbek bei Hamburg ⁷2003. (rowohlt monographien. 50295.)

Walzel, Oskar: Henrik Ibsen. Leipzig [o. J.]. (Insel-Buch. 25.)

Film

Nora Helmer. Fernsehfilm 1974. Regie: Rainer Werner Fassbinder.

Anmerkungen

1 Max Bernstein, in: *Münchner Neueste Nachrichten* vom 5.3.1880.
2 *Samlede Værker (SV)*, 21 Bde., Oslo 1928–57, Bd. 19, S. 146 f.
3 Zitiert nach: Aldo Keel, *Erläuterungen und Dokumente, Henrik Ibsen, »Nora (Ein Puppenheim)«*, Stuttgart 2000, S. 46 f.
4 Horst Bien, *Henrik Ibsens Realismus. Zur Genesis und Methode des klassischen kritisch-realistischen Dramas*, Berlin 1970, S. 163.
5 Ebd., S. 164.
6 Ebd., S. 165.
7 Verwiesen sei auf folgende bedeutende literarische Anwendungsmuster: Sophokles, *König Ödipus*; Schiller, *Die Braut von Messina*; Hebbel, *Maria Magdalena*; Kleist, *Der zerbrochne Krug*. In der letztgenannten Komödie will die Hauptfigur allerdings unter allen Umständen die Enthüllung vermeiden.
8 Henrik Ibsen, *SV*, Bd. 8, S. 368 f.
9 Hermann Hettner, *Das moderne Drama*, Braunschweig 1852, S. 49–59 f.
10 Brief an Peter Hansen vom 28.10.1870, in: Henrik Ibsen, *Sämtliche Werke*, Berlin [o.J.], Bd. 10, S. 151.
11 Brief an Bjørnstjerne Bjørnson vom 16.9.1864, ebd. S. 33.
12 Vgl. hierzu die ausführlichen Darstellungen von Rüdiger Bernhard: *Henrik Ibsen und die Deutschen*, Berlin 1989, Kap. 5: »Henrik Ibsens Weg nach Deutschland« und Kap. 6: »Dresden«.
13 Ebd., S. 178.
14 Ebd., S. 240.
15 Ebd., S. 241.
16 Zitiert nach: Fontane, Nymphenburger Taschenbuch-Ausgabe, komm. von Kurt Schreiner, Bd. 14, S. 345.
17 Carl Ploug in der Zeitung *Fædrelandet* vom 22.12.1879.
18 M. W. Brun in der Zeitung *Folkets Avis* vom 24.12.1879.
19 Edvard Brandes in der Zeitung *Ude og Hjemme* vom 4.1.1880.
20 Anzengruber schrieb in einer Besprechung des *Puppenheims*: »Daß in ihr plötzlich das Gefühl weiblicher Würde erwachte, *den* Eindruck läßt ihre heftige Rede und ihr abgekürztes Handeln nicht zu, und ganz und gar unmöglich wird er dadurch, daß sie des gerechtesten, heiligsten Anspruches auf diese Würde, der

Mutterpflicht und Sorge, sich kurzweg entschlägt«; zitiert nach: Bernhardt (Anm. 12), S. 368, Fn. 279.
21 Paul Lindau, »Nora«, in: *Die Gegenwart. Wochenschrift für Literatur, Kunst und öffentliches Leben*, Berlin, Nr. 48 (27. 11. 1880) S. 348 f.
22 Max Bernstein, »Nora«, in: *Münchner Neueste Nachrichten* vom 27.3.1887.
23 Ernst Wichert, »Henrik Ibsen«, in: *Im neuen Reich. Wochenschrift für das Leben des deutschen Volkes in Staat, Wissenschaft und Kunst*, hrsg. von Wilhelm Lang, Leipzig 1880, Bd. 2, S. 899.
24 Karl Frenzel, »Die Berliner Theater«, in: *Deutsche Rundschau*, Berlin 1881, Bd. 26, S. 308 f.
25 Paul Schlenther: »Einleitung«, in: *Henrik Ibsens Sämtliche Werke in deutscher Sprache*, Bd. 6, Berlin 1900, S. XXII.
26 Ernst Stadler »Henrik Ibsen«, in: E. S., *Dichtungen, Schriften, Briefe. Kritische Ausgabe*, hrsg. von Klaus Hurlebusch und Karl Ludwig Schneider, München 1983, S. 411.
27 Kurt Tucholsky, *Gesammelte Werke*, Bd. 1, Hamburg 1960, S. 10 f.
28 *Henrik Ibsens Sämtliche Werke in deutscher Sprache*, Bd. 1, Berlin 1903, S. 535.
29 Elfriede Jelinek, *Was geschah, nachdem Nora ihren Mann verlassen hatte oder Stützen der Gesellschaften*, in: E. J., *Theaterstücke*, hrsg. von Ute Nyssen, Köln 1984, S. 9–78.
30 Gerd Enno Rieger, *Henrik Ibsen*. Reinbek bei Hamburg [7]2003, S. 79.
31 Birgit Schmalmack, 15.9.2002 http://www.hamburgtheater.de/Frame1350.html
32 Fensehfilm *Nora Helmer*, Institut für Film und Bild in Wissenschaft und Unterricht, München.
33 In: Hans Hiebel, *Henrik Ibsens psycho-analytische Dramen: Die Wiederkehr der Vergangenheit*, München, 1990, S. 89–102.
34 Jelinek (Anm. 29), S. 74 ff.

Raum für Notizen